EDUCATION GOOD
CHILDREN 108 WAYS

不吼不叫
养成优秀男孩
108招

陶红亮◎著

青岛出版社
QINGDAO PUBLISHING HOUSE

图书在版编目（ＣＩＰ）数据

不吼不叫养成优秀男孩108招 / 陶红亮著. -- 青岛：
青岛出版社，2016.4
ISBN 978-7-5552-3690-0

Ⅰ. ①不… Ⅱ. ①陶… Ⅲ. ①男性－家庭教育 Ⅳ.
①G78

中国版本图书馆CIP数据核字(2016)第044478号

书　　名	不吼不叫养成优秀男孩108招
作　　者	陶红亮
出版发行	青岛出版社
社　　址	青岛市海尔路182号（266061）
本社网址	http://www.qdpub.com
邮购电话	010-85787680-8015　13335059110
	0532-85814750（传真）　0532-68068026
责任编辑	那　耘
特约编辑	郑新新　戚兆磊
版式设计	苏　涛
印　　刷	北京海石通印刷有限公司
出版日期	2016年4月第1版　2019年6月第2次印刷
开　　本	16开（700mm×980mm）
印　　张	15.5
字　　数	130千
书　　号	ISBN 978-7-5552-3690-0
定　　价	38.00元

编校质量、盗版监督服务电话　4006532017
青岛版图书售后如发现质量问题，请寄回青岛出版社出版印务部调换。
电话:010-85787680-8015　0532-68068638

前　言

男孩和女孩一样，都是父母生命的延续，教育孩子是父母生命中的一件大事，牵动着亿万父母的心。爱孩子，这是父母共有的情感，但仅有本能的爱还远远不够，我们还要知道如何去爱，尤其是男孩。

当你正在为爱儿子和教育儿子的方式方法忧心忡忡的时候，你是否发现，你的溺爱已经让男孩的独立性越来越差，对你的依赖也越来越强；你又是否发现，你的严厉和苛求已经让男孩变得越来越像一部学习机器，属于他这个年龄本该有的灵动和活泼已逐渐消失；而你又是否发现，你的打骂已经让男孩越来越脆弱，越来越沉默，越来越叛逆？如果是这样，那说明你对男孩的教育已经越来越失败。换句话说，你还没有找到一种真正可以让男孩成为最棒男孩的教育方法！

每个男孩的身体里都潜藏着巨大的能量，你的孩子也是这样。如果父母的教育方法得当，男孩的潜能就会被有效激发出来，让他成为一个乐观自信、性格坚强、品质卓越，有责任感、有爱心的男子汉！

男孩坚持自己的想法是有主见的表现。每一个男孩都有无限的人生可能，他的人生不能被设定，父母不要过于干涉，要将选择的权利交到男孩的手中。长期以来，不少中国父母习惯于将男孩培养成循规蹈矩的一类，他们总是提前为男孩的成长铺平道路，希望男孩按照他们的规划行事。这种规划性教育是对男孩天性的一种束缚，会让男孩没有个性，没有原则和主见，只会屈从于父母。剥夺了男孩的个性，只会让男孩变成父母意志的傀儡。

男孩的成长归根到底是男孩自己的事，他自己才是成长的主体，父母不可以越俎代庖。父母的责任是给男孩支持、帮助和鼓励。但是，对于怎样将事情做得巧妙、自然、得法，怎样才能收到最大的效果，这就需要靠男孩自己去实践，去体悟。

培养男孩和种植花草一样，首先要了解花草的特点，然后根据不同的情况浇水、施肥，这叫"因材施教"。男孩的性格通常会受到来自父母与家庭的影响，特别是母亲的影响。

男孩长大成人以后，社会成了锻炼男孩的环境。此外，学习对男孩的健康成长也起着非常重要的作用。

当代著名教育家冯夏婷教授曾说："在这个世界上有一种职业很特殊，它不分白天和黑夜，是全天候的，没有休息日，不能请假，也没有退休的那一天，更没有薪水可拿；在这个世界上有一种冠冕也很特殊，它是终身制的，从加冕的那一天起，就永远不会下岗，只是很多时候，它给你带来的不仅仅是荣耀，更多的是责任、压力和紧张……这种冠冕，这种职业，就叫作父母。"由于性别差异，作为男孩的父母，从事这项职业时会更加辛苦；责任、压力比荣耀也会更多一些。为了让男孩成功成才，父母一直在一步步地履行着应尽的职责和义务，但是许多父母在付出了诸多的辛苦与努力之后，却依然没有如愿。当教育失败时，作为父母要认真地想一想，多做一些自我检讨，你是否真正了解你的孩子？你对男孩的教育是否是正确的，可以真正让男孩成功、成才的教育？如果不是，《不吼不叫养成优秀男孩108招》可以帮你解决你的教育烦恼，同时，让你找到最简单、最有效的教育男孩的方法。

《不吼不叫养成优秀男孩108招》是一本父母必读的育子指南，更是可以让无数平凡男孩走向卓越的"桥梁"，它将为你献上培养男孩的108个妙招，其中包括对男孩个性、能力、习惯、品质、学习、智商、财商、情商的培养，以及如何与男孩沟通、如何面对男孩的"早恋"等内容，希望所有的父母都能够从中得到帮助，将男孩培养成最棒的男子汉！

无论何时何地，男孩都是父母心中永远的牵挂，对他的培养和期望从来没有停止过，即使付出再多的心血和精力也在所不惜，因为普天下的父母都有一个共同的心愿，那就是希望自己的孩子成为最棒的男孩，长大后能顶天立地。

目录

Part 01

第一章

了解男孩，先进入男孩的内心世界

父母要教育男孩，请先走进男孩的世界。每个孩子都有丰富而神秘的内心世界，只有真正走入男孩的心底，才能理解男孩那些"不可思议"的行为，才能知道男孩有多么优秀，并为他们感到骄傲！那么，男孩的内心世界是什么样的呢？他们有时候不如女孩，是因为他们不太喜欢被束缚、被限制；他们争强好斗，是因为男孩的内心深处总会有一种挥之不去的英雄情结；他们喜欢搞破坏，是因为他们更具探索精神。

不摆父母权威，让男孩感到被重视

　　不要大摆父母权威，要让孩子感到被重视，孩子只有感到被重视，才能学会自尊并且尊重别人，这是养成健康人格的前提。

　　由于孩子的自尊意识还处于萌芽状态，不太成熟，所以比较容易受到伤害。如果男孩的自尊受到伤害，便会用诸多的理由、不听话来进行对抗和反抗。所以，父母要具有保护男孩自尊的意识，要给男孩足够的尊重，这对孩子的未来发展起着非常重要的作用！

男孩爱问是好事，父母千万不要感到厌烦

　　在日常生活中，男孩总是会问一些千奇百怪的问题。父母认为很平常的事和问题，男孩也会不停地问。这时，很多父母会感到厌烦，不想回答男孩的提问，其实，男孩爱问是好事，说明男孩有强烈的求知欲，说明男孩在动脑筋，所以，父母千万不要感到厌烦，要认真回答。一般3～6岁幼儿的情绪和情感容易变化，具有外露、不稳定等特点，情感教育就是要使孩子逐步做到情绪积极并稳定，准确认识情绪、表达恰当，促进情感的进一步发育。情感教育需要全面渗透到男孩的学习和生活当中，父母要多利用大自然、艺术作品和生活情境对男孩进行熏陶教育。除了渗透和熏陶之外，还可设计一些好玩的游戏进行活动培养。

尊重男孩的提问，给男孩一个认真的答复

在日常生活当中，针对男孩提出的问题，要加以重视，并且给男孩一个认真的答复，这不仅可以增强父母与男孩间的亲子关系，让男孩觉得父母值得信赖，男孩还可以从中增长见识、学到知识。如果父母不能即刻回答男孩的问题，也没有关系，可以把问题先记下来，找出了最佳答案后再尽快告诉男孩，并以此鼓励男孩的求知欲。千万不要因为男孩的问题太过幼稚或是无聊，而敷衍或是嘲笑他们，这样会让男孩失去信心，渐渐地不再提问。所以，要不断地创造机会让男孩提问。

重视男孩，丰富男孩的情绪情感体验和认识

每个男孩的心灵都需要被关注、被重视，父母必须要意识到这一点，男孩感到被重视，才会在情绪和情感上有丰富的体验和认知，高兴、吃惊、热情、喜欢、好奇、厌恶、害怕、气愤等各种情感和情绪，才会被男孩充分地表达出来。要做到这一点，首先父母要学会在男孩面前准确地表达各种情绪，给男孩提供模仿的榜样。例如对孩子说："不论你的学习成绩是优秀还是不优秀，妈妈都很爱你。""你不努力上进、不听话，虽然妈妈很生气，但是妈妈这次不批评你，因为妈妈相信你以后能做好！""奶奶生病了，妈妈心里很难过。"这样可以让孩子更好地认识情绪和情感，提高孩子的情商。

让男孩学会关心和同情他人

现代家庭的孩子大多数是独生子女，好吃好玩的先给他们，很容易造成男孩自私冷漠的心理，以自我为中心，不会关心他人，缺乏同情心，不利于男孩的健康成长。因此，对于家庭和父母来说，学会同情和关心他人是当今社会情感教育的重要内容之一。要让男孩首先学会关心家人和父母，培养男孩对父母的孝心。一个连父母都不关心的人，是很难想到关心别人的。除此之外，在生活中，父母还要利用一切机会让男孩学会同情和关心他人，如在路上看到一个比自己更小的孩子在哭，可以跟男孩说："你看，小弟弟很伤心，快去安慰安慰他！"通过这样的小细节培养男孩的同情心和爱心！

男孩的阳刚之气需要培养

　　父母应该培养男孩的阳刚之气。好动爱玩是孩子的天性，男孩在游戏的过程中，能够认识自己，了解身边的环境和眼前的社会，进而增长自己的才干和知识。

　　目前，小学和幼儿园的老师多半为女性，缺少男性，所以家长要多注重培养男孩的阳刚之气。3岁以前的孩子在行为方面尚没有明显的男女区别，但是已经开始对自己的性别产生认同了。5岁时孩子就开始以自己的性别角色适应社会了。在教育男孩时，父母要给男孩立下规矩，对其进行严格要求，但是不要一味地限制男孩的活动，而是要对其生活的各个环节提出具体要求。

多带男孩到户外去玩耍，可以增强男孩的阳刚之气

　　尽管很多时候父母工作很忙，但是也要尽量抽空和男孩玩耍、接触，尤其是父亲，要尽可能地多陪他进行体能活动。父亲可以带男孩到室外去、到大自然中去，以"大朋友"的身份和男孩打篮球、打雪仗、爬山远足、玩捉迷藏、摔跤、踢皮球等游戏和活动。通过活动，男孩不仅能在奔跑、躲闪中获得体能的锻炼，还可以体会成功带来的喜悦、冒险带来的刺激，身心愉悦是男孩成长中最为积极的因素。在活动中，父子也可能会遇到各种需要解决的问题，在解决问题的过程中，有时需要快速做出决定，男孩的判断能力、解决问题的能力、思维能力都会得到训练，自信心和独立感也会得到增强。

社会呼吁更多男性当老师

在小学阶段，女老师往往占大多数，而男老师却很少，导致男女教师的比例严重失调。很多男性不愿意从事小学教育，男性老师人数仅占一成。目前，从事老师这一职业的男性也越来越少，世俗的眼光使得很多男性对担任小学老师望而生畏。但老师的行为有时会改变孩子的一生，教书育人的特点是以身立教。学校就像个大家庭，既需要母爱的细腻，也需要父爱的刚毅、直率、严格和坚韧不拔。只有学校里男女老师的比例协调，才能给男孩的教育创造更理想的成长环境。

不要过多地限制男孩的活动

在日常生活中，男孩刚一出门，不少父母就会去干涉男孩的活动，连忙说："别跳，会磕着""别跑，会摔着""别爬高，会摔下来"，一会儿又说"别玩土，太脏"……男孩在那儿玩，父母总是说不许这样，不要那样，这不能摸，那不能碰，弄得孩子唯唯诺诺，不知道怎么办才好，事事都要看父母的脸色。如此限制男孩的活动，也就剥夺了男孩动手的机会，不利于男孩的个性发展；限制了男孩的自主性和独立性，不利于男孩的智力发展；限制男孩的运动与游戏，使男孩失去许多欢乐，对男孩的身心发展都会产生不利影响。玩耍在低年龄孩子的生活中占有很重要的地位，这是他们接触世界的一种方式，在玩耍的过程中他们能增长见识，学会生活技能，因此父母不要过多地干涉和限制男孩的玩耍。当然，安全起见，要禁止男孩从事危险的活动，防止意外伤害。

调皮不一定是坏事，别把男孩的求知欲给管没了

　　男孩天性淘气，这常让父母感到非常头疼。其实爱玩耍并不是坏事，男孩常在玩耍中产生探索外部环境的兴趣，这是男孩心智生长和成熟的必要途径。

　　教育家蒙台梭利说"小孩的事情就是玩"，男孩常常在玩的过程中开发了智力，学习了知识，体验了生存，积累了经验，可以说男孩是在游戏中成长的。父母怕男孩作怪，说到底是怕男孩给大人带来麻烦，男孩的活动不是妨碍了自己本身，而是妨碍了父母。

别把男孩的好奇心、想象力、求知欲管没了

　　父母好不容易拖干净的地板、洗干净的衣服又被男孩弄脏了，好好的东西被男孩破坏了，让父母的辛苦劳动付之东流。有的父母非常爱孩子，事事管着他，却没有时间蹲下来陪他观察地上的蚂蚁，没有耐心听他讲完感兴趣的事情；说是为男孩付出了太多，但是通常不该付出的付出了，该付出的却没有付出。包揽孩子的生活，代替孩子办事，把本该给男孩的锻炼机会给剥夺了，把孩子"管理"了起来，这样的付出换来的只是听话的孩子，男孩该有的想象力、求知欲、好奇心却没有了。

　　作为第一个登上月球的人，阿姆斯特朗闻名天下，他的成功离不开母亲的教诲。在他还小的时候，有一天母亲为他精心准备了一桌丰盛的晚餐，喊他过来吃饭，可此时，外面

下起了滂沱大雨，阿姆斯特朗正好看到，于是，他就立刻跑到外面疯玩了起来，在雨地里嬉闹、打滚，刚穿上的新衣也在转眼间沾满了泥水。"母亲，我要跳到月球上去。"他开心地跳起来对母亲说。"好啊，只是你别忘了从月球上返回，然后回家吃晚饭啊！"母亲只说了这一句。

当阿姆斯特朗儿时的梦想成为现实后，从月球上返回地球的那一刻，记者采访他："此时此刻，你最想说的话是什么？"阿姆斯特朗兴奋地说："我想对我的母亲说，我从月球上返回来了，我想回家吃晚饭！"阿姆斯特朗的母亲并没有像多数母亲那样，看到男孩将一身新衣弄脏或是弄得浑身泥水，就把男孩拉回家中，大声打骂或是呵斥，她只是温柔地嘱咐了一句：别忘了返回来吃饭。

从这最平凡不过的话语中我们看到了这位母亲对男孩的尊重，对男孩童心的呵护。童心，映现的是难得的想象和旺盛的好奇心，而好奇心和想象比保持衣服干净更重要。

不要总是利用父母的特权管男孩

在男孩长大之前，不少父母总在利用父母的特权，把自己放在独裁者和指挥者的位置。许多父母看到男孩太淘气就不由得要站出来制止，对男孩说"不"，比如弄脏了衣服、弄乱了房间、搞坏了物品。有些父母总是全权决定男孩要做什么不要做什么，判断男孩哪些做得对哪些做得不对，并且认为自己永远是对的，男孩只能听大人的话。这反映了父母没有尊重意识，没有考虑男孩在特定年龄段的内心需求，没有顾及男孩的自尊和想法。在这类强权父母的管制下，男孩失去了自我，他的天下因为父母的干涉而变得支离破碎。因此，当男孩淘气作怪的时候，在父母看来男孩"不听话"的时候，当父母想阻止男孩做某事的时候，请父母多想一下阿姆斯特朗的母亲，想想她是怎么做的，就会明白其中蕴含的深意。

对于任性的男孩，父母要善于引导和调控

从一开始，父母就应该坚持热爱但不溺爱、遇到问题要与男孩讲明道理，让他懂得尊重别人，告诉他每个人都可能有不同的意见，千万不要以自我为中心。对于比较任性的男孩，父母要善于引导，在他发脾气的时候转移他的注意力；也可以暂时不予理睬，让他独处一会儿，但是要注意不出现安全问题。等到他冷静下来以后，再心平气和地跟他讲道理。如果男孩在公共场所大发脾气，就应该严肃地予以制止，等着他平静下来。这些做法的共同点，是让男孩明白任性是父母不可接受的。

父母要善于利用男孩特有的英雄主义情结

　　男孩的内心深处都有英雄主义情结，只要男孩的天性没有被压抑，他们在路见不平时就会有拔刀相助的冲动。

　　每个男孩在小的时候总幻想自己是"小超人"，身怀绝技，有英雄情结，他们希望能够扶危济困、帮助弱小，与恶势力抗争，成为人们心目中的英雄。父母必须让那些渴望做英雄的男孩明白，英雄应该具备什么样的品质。

让男孩知道英雄也要学会自我保护

　　"小超人"毕竟只是男孩的幻想，现实中往往很难实现，父母不可以让男孩的梦想破灭，而是要教他学会自我保护。父母可以在平时给男孩讲讲自我保护的知识，让男孩明白，英雄要运用自己的英勇和智慧，巧妙地让弱小者脱离困境，而不是鲁莽地使用蛮力。例如，遇到有人落水的时候，首先要镇静下来，不要慌张，自己不会游泳也不要害怕，要以最快的速度告诉附近的大人。虽然当英雄是光荣的，但是也不能不考虑自己的实力。不会游泳还要下水救人，只会使局面越来越糟。所以，父母一定要告诉男孩，只有在有能力的情况下，才可以去做英雄，而不能为了做英雄而盲目行动。

利用男孩的英雄情结，培养男孩坚毅、勇敢的品质

有的时候，男孩也会觉得自己弱小，希望得到父母和老师的安慰和激励，并希望自己所做的一些勇敢的举动被周围的小朋友和父母承认，同时，男孩的英雄情结也可能会转移到对某些偶像的崇拜上，它们可能来自男孩看的动漫书或动画片，如机器猫、动感小超人、奥特曼、铁臂阿童木等，这类英雄偶像勇敢、智慧、仗义、正义，具备一种积极向上的精神，圆了男孩的英雄梦，为男孩营造了一个幻想、天真的世界，帮助男孩实现了一个又一个英雄的梦想，深深打动了男孩的心，让男孩为他们而痴迷、狂热。父母开始担忧，男孩看这些时间久了会不会有暴力倾向？会不会因痴迷而耽误了学习？其实，这种担忧是没有必要的。这个鲜明的英雄形象，在男孩眼中神圣、没有缺点、伟大。妈妈正好可以利用这种英雄崇拜情结，培养男孩坚毅、正义、勇敢等优良品质。

利用男孩心目中的英雄，改正男孩的缺点

在男孩的心目当中，英雄是神圣而且伟大的，因此，在小的时候，很多男孩都会以自己心目中的英雄为榜样。明智的父母，就应该抓住孩子的这一英雄心理，轻易地让孩子改正自己的缺点。每个男孩的身上或多或少都会有很多缺点，如不讲卫生、不懂礼貌、挑食、不勤快等。父母借助英雄的口气、英雄的形象去给男孩讲道理，教育他们，不仅可以让男孩能够迅速认识到自己的错误，而且能够让男孩主动改正缺点。

满足男孩当英雄的心理

当男孩因为打抱不平与别的孩子打架时，父母不要急着批评男孩的打架行为，而是要先表扬男孩无畏的英勇气概，肯定男孩打抱不平是正确的行为，满足他们的英雄心理，然后帮男孩们分析，告诉男孩除了打架之外还有很多方法，可以帮助弱小者脱离困境。另外，父母，尤其是妈妈，在平时就要让男孩参与进家庭事务中，做一些他能做的事情，比如让男孩帮妈妈拎一些轻便的购物袋、帮忙扔垃圾……这不仅有利于培养孩子男子汉的气质，而且能够满足孩子的英雄心理。

父母应理解男孩的竞争心理

　　在男孩的内心世界里，他们很在乎"谁是头儿"，"头儿"是男孩内心的竞争对手，是男孩成功的行为标准。不论在什么领域里，每个男孩都希望做"头儿"，这种竞争心理是男孩的天性，它会督促男孩要做就做"第一名"。

　　年幼的男孩，常会为了做"头儿"而图一时之快，做出让父母、老师和自己都痛心的事情。但是男孩成熟后会把想做"头儿"的心理，转化为积极追求成长和进步的力量。父母应该理解男孩的这种竞争心理，给男孩指出一条健康的竞争之路，使男孩真正实现做"头儿"的愿望。

父母应理解男孩的竞争心理

　　男孩每到一个新的地方都想做"头儿"，男孩最想弄明白谁是这个地方的"头儿"。通过了解、观察"头儿"，明白做一个"头儿"，要具备什么样的标准，男孩暗暗下了决心，希望自己能够超越他。但是，想当"头儿"的男孩有很多，而现实生活中的"头儿"只有一个。如此一来，必定会有很多男孩做不了"头儿"。如果恰当地使用这种竞争心理，就能促使男孩不断地激励自己，而不恰当的竞争容易让男孩的心理变得扭曲，他们会采用一些不正当、不公平的手段对付竞争对手，所以发生在男孩身上的暴力事件更多。在人生观、是非观都还不成熟的时候，男孩很容易为了成功做出许多坏事，在课堂上讲话甚至考试作弊都与这种不正常的心理有关。父母的责任重大，要做好引路人，千万不要让不正常的竞争心理误导了男孩。

每个男孩都会有的竞争心理

在现实生活中，男孩往往有很多"歪主意"没用在"正道"上，存在不正常竞争心理的绝对不在少数。做父母的要承担很大一部分责任，因为父母并没有很好地理解男孩的这种心理。若是父母起初就能理解，并且告诉男孩，有竞争心理是对的，并且每个小朋友都会有，但是必须通过正当方法去竞争，而不是不择手段，长此以往，男孩就会变成一个堂堂正正的男子汉。相反，若是父母鼓励男孩不正当竞争，男孩就会沿着"歪路"成长，渐渐出现不良行为，如拉帮结伙、考试作弊，甚至做出更极端、更离谱的事情。

竞争是男性的禀性

竞争是男人的天赋禀性，一位研究人类行为的哲学家曾说："一场竞争后，会看到一位被打败的汉子向对手送去真诚的祝贺，然而这个汉子心里面在想的其实是下一次如何把他打败。"所以，父母不用担心男孩这种过强的竞争心理，性别赋予了男孩这种竞争的意识，这是男孩的优势，所以，当父母试图对男孩进行从头"编程"时，不如告诉男孩要遵守竞争的规则，合理、正当、公允，然后就放手让男孩去竞争吧，这样更有利于男孩的成长！

鼓励男孩拥有正当的竞争心理

也许你们的男孩还很小，但是他们却经常对父母讲起他们的目标、他们想取得的成绩以及他们想超过谁，这时父母千万不能胡乱搪塞他们，因为男孩的感觉很敏锐；也不可以打击男孩，因为男孩普遍都有很强烈的自尊心和竞争意识，这样做会挫伤男孩的积极性。当有一天他们能够真正达到自己心中的目标时，男孩便会有一种很高的成就感。对于男孩来说，成就感是他们充分发挥潜能的重要动力之一。如果男孩的这种欲望没有得到父母的认同，被父母忽略，或者从某一角度遭到了父母的打击，他们就会缺乏上进心，男孩的潜能就很难被激发出来，甚至男孩的人格也会因此而受到伤害。所有的父母都要学会倾听男孩的心声，尊重并认同男孩的成就感，帮他们建立起关于胜利、竞争、成就等的正确概念。

消除彼此间的代沟，老师的责任也很重

　　中国心理学会的一项调查研究表明，目前，中小学生心理障碍患病率高达21.6% ~ 32%，中国儿童行为问题检出率在6% ~ 22%。并且有上升趋势，由此也造成了一系列严重的社会性问题。

　　儿童正处在心理走向成熟的关键时期，需要学校、社会、家庭共同努力，为其塑造一个美好的生活成长环境，其中家庭环境扮演了相当重要的角色。目前，我国的家庭教育普遍缺少对生命价值的尊重，尤其缺少的是如何正确地去进行爱的教育。一些单亲的父母忽视男孩的情感需求，对男孩的态度或粗暴，或溺爱，而在一些完整的家庭中，父母与男孩间沟通难也日益成为家庭教育的最大瓶颈。

消除与男孩间的代沟，老师的责任也很重

　　男孩出现心理问题，主要原因在于父母不懂得如何教育男孩，父母应该多学习一下亲子教育、家庭教育的课程，才能逐渐消除代沟等不良沟通问题。目前，采取父母式管教甚至棍棒教育，是导致父母无法与男孩正常沟通的主要原因。一些教育方式过于严厉的父母，也确实需要改变自己管教男孩的方式，增强与男孩之间的沟通。另外，父母除了要针对男

孩的逆反心理，改变教育方针与方法之外，还需要引导男孩消除对父母的逆反心理。在这方面学校更有优势，因为父母在家里很多时候就算采取最科学的教育方法，男孩可能都会认为父母说的不对，父母一个晚上的教育甚至比不上老师说的一句话，所以学校的责任也更大、更多。

男孩普遍养成一种只听老师说不听父母说的习惯

现在，很多男孩普遍养成一种只听老师说不听父母说的习惯，在这样的环境下，即使是最开明、最温和、最了解男孩心理特点的父母，也会因为男孩一而再、再而三的误会而失去耐心。因此，学校和老师非常有必要找出合理的方法，对男孩进行教育，以消除父母与男孩之间的矛盾。特别是中学和小学的老师，更要在父母与男孩之间充当矛盾的消融剂和缓冲剂，从而形成老师、男孩、父母三方的沟通互助关系，引导男孩树立正确的人生观和价值观。

男孩都有逆反心理

虽然男孩已经有了独立的自我意识，但是这种意识还很不成熟，他们经常会为了反抗而反抗，通过与众不同的行为彰显自我。另外，男孩也会感到自身的变化迅速，却又不太清楚是怎么一回事，便想通过掩饰，不让别人看出这种困惑与矛盾，父母和老师问起的时候，他们也不愿意过多交流。其实，父母的心情和男孩一样，也是矛盾的。男孩有了自己的主张，也有了更强的力量，父母应该感到开心，可是父母并不知道男孩到底在想什么，他们感到心里没底，十分担心男孩，于是不得不多加询问。所以，父母也要将自己的顾虑清楚地告诉男孩，让男孩在理解父母的苦心之后，主动和父母沟通。

父母和男孩都面临着考验

其实，男孩若能主动与父母进行沟通，汇报自己在学校的情况，聊聊自己的感受，不要等到父母问时才说，就可以消除代沟对家庭的影响。父母知道男孩的情况以后，才不会误解男孩，也不必费心去猜测，才能使父母对男孩更加放心，用不着无休止地询问男孩了。为了培养男孩的独立性，父母也要鼓励男孩针对一些问题提出自己的看法。如果父母忽视了男孩对表达情感的正常需求，就会让男孩感到被疏远，以后男孩有意见的时候就会沉默不语。当男孩在听取父母的意见的时候，心里也许正在赌气，却撇着嘴说"没生气"，男孩拒绝透露更多的信息。这是男孩自暴自弃的表现，这种反感或偏见是不明智、不礼貌的行为，阻碍着男孩形成健康的人格，所以父母应该尊重男孩表达自我的意愿，让男孩善于沟通、乐于沟通。

父母要善待胆小、冷漠、孤独的"另类"男孩

男孩不合群，往往是家庭因素引起的。父母对男孩过于溺爱、不许男孩和其他孩子玩耍、家庭遭受挫折或者父母感情不和等，都可能导致男孩不合群。

在男孩小的时候，如果表现出胆小、冷漠、孤独的性格，父母就要尽早对男孩进行正确的引导，通过正确的引导使男孩很快融入小伙伴中间去。当男孩的勇气一点点增加时，他就会一点点活跃起来。而且，随着男孩胆量和勇气的逐渐增加，他会变得越来越有男子汉气质，越来越坚强。

胆小并不意味着内心软弱

有些男孩子看起来胆子很小，弱不禁风，见到什么都害怕，但并不意味着男孩的内心就是绝对软弱的。曾经一位妈妈这样谈到自己的男孩："儿子平时看起来真有点窝囊，可是他和同学打起背包徒步走了三天到内蒙古旅行，还拍了录像。"男孩总是能够找到释放内心能量的突破口，也会通过行动消除妈妈的顾虑和疑虑，因此父母没有必要为男孩的胆小过分担忧。看似胆小的男孩往往能够爆发出强大的力量，他之所以没有表现出来，是因为他还没有找到自己真正想要追寻的东西。

西文从小就跟一般的孩子不太一样。他是个男孩，可 6 岁时，一个人睡觉还感到害怕；

7岁时，还不敢滑滑梯、坐转椅；9岁时，说话仍羞羞答答，不敢主动跟人打招呼；13岁时，妈妈叫他学自行车，他居然吓得哭鼻子。而他的同班同学小立似乎缺少同情心。一次，小立的母亲病了，小立一句问候的话都没有说，吃完饭后早早就睡觉了。母亲因此有些伤心，觉得儿子铁石心肠。同班同学小健学习成绩很优异，但令父母感到奇怪的是，他从来不敢与女生说话，与男生也很少交往。他说："我很孤独，我没有朋友。"他们的父母都十分担心，有的男孩怯懦胆小，有的个性孤僻，与一般的男孩不同，这正常吗？

答案是正常。他们的父母有些担心胆小的西文是不是患了什么疾病，因为他看起来比女孩还要胆小，这是他们不了解人性的结果。其实，如果父母对人类性格特征的复杂性和多样性有所了解，就不会如此担心了。

培养男孩的爱心

男孩都喜欢用实际行动来表达自己对某种事物的关爱，父母不妨创造机会，有意识地让男孩表达自己。例如对男孩说"花儿渴了想喝水"，男孩就会主动去给花儿浇水，表达对花儿的爱护。父母不仅要鼓励男孩将心中那些隐蔽情绪表达出来，还要使男孩明白"爱"的真谛，这有助于男孩形成健康的心理。

让你的男孩走出孤独

对于男孩来说，在童年时没有朋友是不幸的。独生男孩的孤独感最强烈，与人交往的欲望也比任何人都迫切。面对这些孤独的男孩，父母应该主动去帮助他们。当男孩表现出孤独时，最需要父母帮助，如果父母此时不对其表现出格外关心的话，男孩往往会在孤独中越陷越深，因为他会觉得全世界都抛弃了他。

具有领袖意识的男孩更愿意付出

　　男孩在幼儿园里往往有大量的时间自由玩耍，这对培养男孩的领袖意识是必不可少的。男孩的领袖意识多半是在游戏时自发产生和建立起来的，在游戏中男孩会渐渐懂得如何当领导，如何确立自己的领袖地位。

　　"领袖意识"使男孩的自理能力、交往能力、行动速度、自控能力、学习兴趣和能力都有明显的改善。"领袖男孩"是在素质教育下应运而生的，对男孩在教育和培养过程中存在的问题进行社会性补偿。从做人、做事、学习、健康四个方面培养男孩健全的人格，形成良好的行为习惯，为建立积极、乐观的人生信念打下成功的基础。

精英教育讲究领袖才能

　　精英教育中的老师一般不会干预男孩间的打架和纷争，这种教育模式讲究领袖才能，尽量让男孩有更多的游戏时间，通常让他们自己想办法解决遇到的问题。精英教育意在培养男孩的领袖才能，领袖才能不是纸上谈兵，只要讲讲道理就可以培养出来的。今天的社会迫切需要一大批真正的企业领袖，站在前沿领导公司前进。任何一个给公众、雇员、竞争对手、消费者以伟大形象的企业背后，无一不是魅力十足、能力超群的领导者。永远没有一劳永逸的方案，过去成功的解决方案只能作为参考，领导者需要永不松懈地变革、完善，出现了新问题就要以最快的速度和最好的方案来解决。

"领袖"就是心甘情愿为人民服务

"领袖"就是能心甘情愿为人民服务，能无私为人民奉献的人，能发自内心地为人类谋幸福。孙中山是一位伟大的政治家、革命家，有一点不难看出，他有着浓烈独特的领袖意识，而这种领袖意识与他的整个革命生涯的成败得失又有着一定的联系；毛泽东最高的智慧结晶就是，人活着的意义和目的就在于全心全意地为人民服务；甘地终生服务于印度的解放独立事业，没有任何正式职位，却被称为"印度精神领袖"，甘地曾说："最高的道德就是为人类的爱而工作，不断地为人类服务。"

守业者和创业者让别人追随

守业者和创业者往往充满自信，敢于向一切进行挑战，对成功抱有一种狂热的激情，有助于他们获取成就。他们自己有时候也以"超人"自居，人们常常将亿万富豪誉为"超人"，实际上就是这个道理，他们达到自我激励的最佳效果，从别人身上获取不断进取的力量，可谓获益匪浅，一举两得。

具有领袖意识的人更愿意付出

对于一个成功者而言，让别人争先恐后地追随自己的心理是其终生奋力拼搏、攀登事业高峰的动力和源泉。一个人创造出巨大财富的根本力量，往往归功于在社会上所产生的强烈成就感，成就感要求他时时刻刻都要保持一种领袖的意识，渴望更快、更好地做成某件事。他们普遍比普通人更乐意控制别人，支配别人，希望成为大多数人心中的偶像和楷模，这也导致这些成功者比别人更愿意付出，因此，获得成功的机会也就超过别人许多。

培养男孩最怕溺爱，要还他们身心自由

　　父母爱孩子是天性，但是，爱归爱，千万不可以溺爱，溺爱只会害了孩子，溺爱是孩子成长的毒药。

　　由于计划生育的政策，独生子女成为常见现象。父母过度地宠爱独生子女，教育男孩更出现关爱过度的现象，导致男孩阳刚不足，越来越女性化。在大城市里，一些独生男孩看起来就像被圈养的宠物，被城市化的精神和应试教育所侵蚀，淹没在"爱"的海洋里。父母为了男孩的健康成长，给男孩充分的爱，一味地迁就男孩。不问是非曲直地溺爱男孩，会使男孩出现缺少是非观念、缺少良好习惯、缺少远大理想、遇到挫折一蹶不振等问题，直接影响男孩的将来，对男孩的心理健康是有害的。

养育男孩最怕溺爱

　　别指望在溺爱中成长的男孩会有出息，他们没有出人头地的愿望，也没有创造幸福生活的能力。父母都爱孩子，但是这份爱要放在心里，用正确的方式去爱。"自古英雄多磨难，从来纨绔少伟男。"让男孩吃点苦是有好处的，父母要舍得让男孩吃苦，不要总是满足男孩的要求，要让他们学会主动争取。不要以男孩为中心，这样不利于男孩的身心健康发展，对男孩的成长不利。也不要有重男轻女的思想，男孩在家庭中的地位和父母一样，要建立一种人格平等的家庭氛围。不要处处给男孩特殊照顾，不要把所有精美的食品都放在男孩面前供其单独享用。

不要轻易满足男孩的物质要求

有的父母对男孩有求必应，完全没有原则性，甚至不顾家庭的负担去满足男孩过分的要求。长期处于这种环境下，男孩必然养成讲究物质享受、浪费金钱、不体贴他人和不爱惜物品的性格，而且毫无吃苦耐劳的精神。当男孩提出过分的要求时，父母要先和男孩沟通，告诉男孩家里的经济状况无法承担，让男孩对家庭的实际困难有所了解，逐渐引导男孩养成节俭的品格，慢慢地，男孩就不会再提出无理的要求。

不要剥夺男孩的独立性

男孩应该具有强烈的自我意识和独立精神，可是有的父母为了男孩的绝对安全，不同意让男孩走出家门，不允许男孩与别的小朋友一起玩耍，更有甚者，父母或老人时刻不离开男孩一步，成了男孩的"小尾巴"，溺爱到如此地步，真是含在嘴里怕化了，捧在手里怕摔了。"初生牛犊不怕虎"，顽皮淘气是男孩的天性，他们不怕黑，不怕痛，不怕水，不怕摔跤，摔跤后往往不声不响就能自己爬起来继续玩，可有的父母却担忧过度，男孩稍微有点闪失就惊慌失措，大呼小叫，从此为男孩打下了懦弱胆小的烙印。男孩长期得不到历练，不能与别的小朋友玩耍，会逐渐丧失自信，变得胆小无能，养成对父母的依赖心理，在外面胆小如鼠，但是在家里却成为横行霸道的"把门虎"，造成性格缺陷。

父母不要当面袒护男孩

在日常生活中，有些爸爸管教训斥，甚至揍男孩，妈妈就护着，说："不要太严了，儿子还小呢。"还有的父母一起训斥男孩，奶奶爷爷看不过去了会站出来说："你们不能太急，他大了自然就会好；你们小的时候，还远远不如他呢！"男孩处处有人替他说情，自然是不好的教育，因为男孩年幼，容易丢失是非观念，其后果是男孩性格扭曲，对男孩今后的心理健康成长不利。所以，父母一定要正确地教育孩子，不该袒护的时候就不要袒护。

Part 02

第二章

个性习惯，好习惯
让男孩拥有好人生

男孩敢于坚持自己的想法就是一种过人之处，这是有主见的表现，但是父母的规划性教育是对男孩天性的一种束缚，会让男孩变得没有个性，没有原则和主见，只会屈从于父母的意志。人生是不能被设定的，每一个男孩都有无限的可能，选择的权利在孩子手中，父母是不可以强制的。剥夺了男孩的个性，只能让男孩变成父母意志的傀儡。

培养男孩良好的习惯，并尊重他的个性

　　每个男孩都有自己的个性，有的男孩个性突出，也有些男孩外表柔弱，个性不明显。男孩的个性和习惯需要父母的培养，最重要的是教导男孩做事情要有自己的原则。

　　有个性的男孩对于违反自己原则的做法敢于大胆说不，只有坚定自己的立场，不去随便否定自己，才是有个性的表现。个性影响着一个人的行为、习惯和对客观事物的认识，人的许多性格方面的东西都是取决于个性的。有的男孩天生就比别的孩子更加奔放，有的天生就很文静、收敛、内向。除此以外，个性还会对人的兴趣、脾气和爱心等产生影响。

家庭教育应该注重男孩的个性化发展

　　男孩要有主见地表现和坚持自己的想法，但是中国父母习惯进行规划性教育，希望在男孩人生的每一步路上都为他铺上红地毯。将自己的男孩教得循规蹈矩，这会让男孩失去个性，是对男孩天性的一种束缚，长期下去，男孩只会屈从于父母的意志，丧失原则和主见。学校教育一般要求规范统一，如果家庭教育再做出同样的要求，就会使男孩失去个性，所以家庭教育不能限制男孩的个性，不能要求男孩只能按照父母的意志行事。要让男孩学会坚持自己的原则，男孩的天性才不会被磨灭。

　　亚亚执意要学芭蕾，是因为他看过电视中的《天鹅湖》后迷上了芭蕾舞。妈妈很不理解亚亚，舞蹈艺术多是女孩子学的，更何况不是别的舞蹈，而是芭蕾舞！妈妈不同意，一再对他说："你要是去学击剑或跆拳道我都不反对，就是不能学芭蕾，我不喜欢。"亚亚不想放弃，就去缠着爸爸。爸爸只好来做妈妈的工作，妈妈没有办法，只好让他去。妈妈想：亚亚也就是图个新鲜，一两个月后肯定会厌倦。因此，妈妈没太留心他学舞，每天只是按时接送他去参加培训。让妈妈感到意外的是，亚亚自从学上芭蕾后，就一直很努力地练习，从来没有松懈，舞技也越来越好。在他 13 岁那年，一个国际芭蕾舞团来学校招人，亚亚凭着优秀的芭蕾舞功底被选中。

男孩有自己的想法是一种可贵的品质

敢想敢做说明男孩有个性，是一个人格健全的男子汉。妈妈要在一些低幼儿童的教育中多做引导，而不是一味地要求男孩做这做那。不要用命令的口气束缚了男孩的个性，让男孩固执一回，做个有原则的男子汉。男孩要敢于坚持自己的个性，敢想敢做就是有过人之处。选择权在男孩手中，每一个男孩都有无限的不可超越的人生可能，人生并不是被设定的，如果父母剥夺了男孩的个性，只能让男孩变成父母意志的傀儡。

尊重男孩的个性

每个男孩都有自己独特的个性，父母很有必要仔细分析一下各种类型的男孩的个性。面对同一件事，不同个性的男孩通常会有不同的选择，个性最终会对男孩的整个社会实践产生影响。事实上，不论男孩的个性如何，他们都有各自的情感，他们也会对大人的行为做出反应，这是很自然的事情。男孩的个性值得尊重，尊重他们的个性就相当于重视他们的内心感受，同时要设法让男孩健康地表达自己的情感，因为很多男孩不爱说话，羞于表达，这是家庭教育的头等大事。

让男孩养成遵守时间的习惯

　　时间是被人谈到最多的一个词，人们都很讨厌迟到的行为。人们常说时间就是生命，守时是男孩必须养成的习惯。

　　迟到在我们周围是很常见的，例如每次两点开会，可到两点半了还有东张西望找座位的人，真是让人不敢恭维！时间就是效率，时间就是生命，时间就是金钱。古人说惜时如金，一寸光阴一寸金，寸金难买寸光阴。守时是现代交际的一条重要原则，是一项最基本的职业道德。守时代表对别人的尊重，是最起码的礼仪，谁都不愿意等一个迟迟不到的人。所以，要教导男孩做一个守时的人。

引导男孩树立自觉的时间意识

　　有些男孩看儿童读物非常入迷，有时连吃饭、睡觉都顾不上。男孩不但喜欢故事，而且能从故事中受到教育。为了帮助男孩，父母可以让男孩看看有关遵守时间的儿童读物，或者亲自给他讲些因不遵守时间而造成重大损失的故事。告诉男孩，那些成功的人、了不起的领袖、有本领的人都是很爱惜时间的人，你在吃饭、睡觉、上学、做作业的时候也能像他们一样守时吗？如果能和他们一样守时，你将来也能成为那样的人。只要正确地加以引导，男孩就会若有所思地点点头，也会逐渐变得守时。

以身作则让男孩感觉到父母的惜时、守时

像培养读书习惯一样，父母要以身作则，让男孩明白感觉到父母是如何惜时、守时的，给男孩以潜移默化的影响。其次，在日常生活中可以经常教导，例如"用3分钟刷牙""半个小时后我们开始吃饭""今天9点以前争取将作业做完，然后和我一起看NBA""自己掌握好时间，打一个小时篮球，超了从下次打球的时间里扣"等等，以此不断强化男孩的时间观念。需要注意的是，这种强化必须是积极的、正面的，让男孩在不知不觉中增强时间观念，逐渐成为习惯。最后，父母还要适当采取一些强制措施，纠正男孩不守时的坏习惯，但父母要做到不急不恼。

根据"生物钟"特点，合理制订学习计划

有的孩子在晚上萎靡不振，一晚上连一篇英语课文都背不了，父母看在眼里急在心上。事实上，父母不用着急，因为每个人都有"生物钟"，有各自不同的规律。父母可以和男孩商量一起制定适合生物钟的作息时间，比如早晨6～8点是学习的黄金时间，这个时候孩子精力充沛，头脑清醒，可以复习功课；在上午9～11点和下午3～4点，记忆效果比较好，这两段时间，可以安排背诵内容；晚上6～10点不利于记忆，可以完成需要复杂计算的作业。如果能够按照这样的计划严格执行，一段时间后，男孩的各项学习活动就会有条不紊，自然会比之前轻松许多。

给予恰当的奖励，帮助男孩养成按时完成作业的好习惯

有些男孩迟迟不能做完作业，每天做作业起码磨蹭1个小时才能完成。为什么会这样呢？因为男孩可能一会儿看电视，一会儿吃饼干，一会儿出去玩。看见男孩这样，父母可能也很着急，不知道该怎么办才好，其实可以用奖励的办法试试。父母可以和男孩约定，如果他能够按照要求在规定时间内完成作业，就奖励他看动画片，或是给他做好吃的。采用奖励的方法，可以迅速提高男孩完成作业的效率，时间观念也会在他心中扎根。这是借鉴和运用了学习动机中的强化理论，可以激发男孩养成良好习惯的动力。

让男孩养成不挑食、不偏食的好习惯

挑食、偏食的习惯极易导致营养不良，对成人的影响很大，而对男孩来说，挑食、偏食的影响更大，因为男孩正值身体快速发育的时候，对营养的需求很高。避免男孩偏食与挑食，均衡地摄取营养，才能使男孩拥有健康的身体。

男孩挑食一般与父母的生活习惯有很大的关系，如果父母在饮食的时候喜欢挑挑拣拣，认为这个没有营养那个不愿吃，男孩就会在不知不觉中受到父母的影响，接受了父母无意中的暗示，甚至对自己没有吃过的东西，只要父母不愿意吃或说不好吃自己就不会吃。时间一长，男孩就养成了偏食的坏习惯。也有些男孩会因为父母强迫自己去吃不喜欢的饭菜而与父母对着干，时间一长也会养成偏食的习惯。还有些男孩因为家里的经济条件较好，想吃什么父母就给做什么或是买什么，于是养成了只会挑自己喜欢的东西吃的毛病，也就形成了偏食。

父母怎么吃，男孩就跟着怎么吃

要想孩子不挑食，父母首先不要在男孩面前谈论某种食物好吃与不好吃，孩子年幼，没有主见，不论是对食物的评价还是对事物的看法大多受到父母的影响，因此父母要在男孩面前起到表率的作用，吃饭时要一边赞美食物的味道，一边大口大口地吃，这样男孩就会养成好好吃饭的习惯。其次，父母尽量不要偏食，如果父母不喜欢吃某一类食物，那么，餐桌上就会很少出现这类食物，男孩便很少有机会吃到这些食物，也就间接地造成了男孩的挑食和偏食。最后，若男孩太小需要喂饭，父母不要在喂饭的同时做其他无关的事，要注视着男孩的眼睛，专心致志地喂饭，这样才会让男孩感到被重视，觉得吃饭是一件有乐趣的事情。

父母要严格控制男孩吃零食

平时最好使男孩两餐之间的时间间隔保持在 4 ~ 5 个小时，这样会使肠胃有一定的排空量。为了避免男孩养成想吃就吃的习惯，父母尽量不要给男孩准备太多的零食，因为不间断的进食会让男孩缺乏饥饿感，一方面影响男孩对正餐的食欲，另一方面男孩的消化器官始终处于工作状态，也会让男孩容易感觉疲劳，对男孩身体的健康十分不利。运动能消耗男孩体内储存的能量，如果男孩挑食，父母还要注意多带男孩到户外活动，例如散步、打球等。到了快吃饭的时候，可以安静地休息一会儿，让男孩先洗手，再吃饭。这时男孩肚子饿，心情平静，吃起饭来一定会觉得很香，也就不会偏食、挑食了。

做饭时让男孩充当自己的帮手

父母在做饭、炒菜时可以让男孩帮着拿佐料，可以让男孩帮自己洗菜、择菜等。不管是大人还是孩子，只要是自己亲手做出来的东西，都会在内心对它产生一种认可。有男孩自己的劳动成果在内，男孩也就会主动去品尝一下，这个方法也有助于改掉男孩偏食、挑食的坏习惯。

良好的用餐环境也很重要

首先，要让男孩与全家人一起吃饭，或者让他与不偏食、不挑食的小伙伴一起吃饭。父母用赞赏食物的口吻去引导男孩尝试食物。其次，不管是什么原因，切忌在用餐时责骂、恐吓或是以其他方式惩罚孩子，因为担忧、恐惧等负面情绪会直接影响孩子的食欲。最后，在男孩拒绝吃某些食物时，父母不要强制性地指责和劝阻，而要给男孩耐心地讲道理引导。父母不要强制要求男孩吃他不喜欢的食物，或者喋喋不休地劝阻，这都会让男孩进一步产生逆反心理。

调教出做事利落不拖拉的男孩

　　培养时间意识对磨蹭的男孩来说是至关重要的。男孩做事磨蹭是因为他还没有时间观念，在很大程度上，他不知道时间对他来说意味着什么，我们要帮助男孩认识时间的价值。

　　父母要想办法使男孩认识到，时间是世界上最宝贵的财富，让男孩明白珍惜时间就是珍惜生命的道理。可以在男孩的卧室里贴一些名言警句来提醒男孩，还可以给男孩讲一些古往今来成功人士珍惜时间的故事。另外，与男孩一起讨论磨蹭的害处也必不可少，一个做事磨磨蹭蹭的人会白白浪费许多时间，父母要明确向男孩指出磨蹭是有害终生的坏习惯，这样的人做事效率不高，会被现代社会所淘汰。

和男孩制定时间表，让男孩"有规可循"

　　可能是因为家里大人多，有些时候对男孩发号施令太多，大人几乎都是"命令"的口气跟孩子说话，很少征求孩子的意见。久而久之，男孩也厌烦了大人的这种态度，之后对大人的呼喊采取的态度就是"拖拉"——装没听见。因此，在日常生活当中，父母尽量不要对男孩发号施令，最好先征求孩子的意见再行事。

　　另外，针对男孩做事拖拉、延时等习惯，父母可以制定一个做事的规则，用文字写出来贴在墙上，让男孩感到有规可循，这样就会好很多。每个孩子都会有独特的气质，对天生慢性子的男孩，父母可以和男孩一起制定时间表，共同促进改正其不良习惯；可以在一件事情快要结束前几分钟提醒孩子，让男孩在结束工作前做好思想准备。父母不要总帮男孩解决问题，父母的作用不是"定时器"，要让男孩自己承担"拖拉"的后果，吸取教训。让男孩意识到拖拉会产生的不良后果，让男孩知道自己错了，不要什么都替男孩着想。

让男孩为自己的磨蹭付出代价

要让男孩为自己的磨蹭付出些代价，让男孩去品尝自己磨蹭的后果。大多数时候，男孩只有体会到损失是因为自己磨蹭，才能够自觉地加快做事的速度，才能够改掉自己磨蹭的毛病。比方说男孩早晨起床后总是磨磨蹭蹭，好久后还不见要出发的动静，父母不要急，也不要去帮他，但可以提醒一下他"再不快点可要迟到了"，如果他还在那里磨磨蹭蹭，不妨任由他去，不必担心男孩上学会迟到，恰恰就是要让男孩亲身体验上学迟到的后果。如果男孩真的迟到了，老师肯定会询问他迟到的原因，他肯定会受到老师的批评，他就会认识到磨蹭带给自己的害处，几次以后男孩就能自然而然地加快速度了。

不要责备或打骂男孩，男孩会有逆反心理

男孩做事磨蹭时，一些父母会加大嗓门对着男孩嚷，不停地责备男孩，甚至打骂男孩。可许多时候这些粗暴、简单的方式不但不起作用，反而会让男孩对父母的管教产生厌恶。用命令和恐吓逼迫男孩，虽然看上去男孩好像听话了，做事的速度也加快了，但是男孩不会改变自己，依然会和之前一样磨蹭。

其实，对于做事磨蹭的男孩，父母大发脾气是于事无补的。有的时候孩子做事情很慢，可能是这件事对于孩子来说难度较大，可能是孩子缺少方法，不知道怎样做才能加快速度，也可能是已经养成了磨蹭的习惯，如果父母在一旁不断责骂，男孩便会更加不知所措，做事速度反而可能变得更慢。而且对男孩采用过激的行为和态度还可能造成男孩的逆反。男孩年龄虽小，但也需要得到尊重，面对父母的责备、发脾气和打骂，男孩会感到不被重视、受伤害，就会对父母采取不理不睬的态度，或干脆故意拖延时间来表示对父母的反抗。

培养男孩的诚信意识

　　要从小培养男孩诚信的品德，教导男孩表里如一，说到做到，说实话，不弄虚作假，做一个诚实守信的好孩子。

　　上学的时候，班主任老师经常讲，诚信不仅是道德问题，还是一种法律意识，它是每个公民必须具备的个人修养，它是一个逐渐养成的过程，需要不断地积累。我们应从小做起，从小处着手，养成良好的道德品质，做一个合格的社会主义公民，发扬中华民族诚实守信的传统美德，做一个堂堂正正的中国人。

培养男孩的诚信意识，从点滴做起

　　培养男孩诚信的品质贯穿亲子成长和家庭生活的全过程，它既深深扎根于日常生活的琐碎点滴中，又要求父母有长期坚持的耐心。在男孩小的时候，父母就应该要求他不说假话、勇于承认自己的错误并及时改正、借别人的东西要还、不偷别人的东西、做到言必信行必果。父母要让男孩坚信，弄虚作假的行为必将受到惩罚，要对社会上坑蒙拐骗的行为进行态度鲜明的批判。与男孩共同讨论有关诚信的话题，阅读一些关于诚信的图书；多与人交往鼓励男孩，在交往中思考诚信，感受诚信。只有这样，男孩长大后才能成为一个磊落光明的人。总之，塑造男孩的诚信之心，要从小事做起，从点滴做起。

对待男孩要诚信，不要说话不算话

父母在向男孩许诺之前一定要三思，不要说话不算话，对待男孩要诚信，答应男孩的事情，就一定要做到，父母不能言而无信。如果不能兑现，应及时向男孩说明真实情况，并进行自我批评，让男孩从内心原谅和理解父母，事后父母再设法兑现自己的承诺。如果父母一而再，再而三地食言，男孩就会认为说了话可以不算数，对父母产生不信任感，慢慢地也会言而无信。

营造互信、诚恳的家庭氛围

在有些家庭中，父母面对男孩所犯的错，不分青红皂白就加以训斥、苛责，甚至打男孩。有些男孩本来不想说谎，但是为了逃避惩罚，少受点皮肉之痛，于是编造了各种各样的谎言来搪塞父母。如果父母遇到这种情况，就应该反思一下教育方式。古人说"愧悔不责"，就是说如果男孩主动承认错误了，就不要再给男孩施加精神压力。可以心平气和地告诉男孩一些道理，例如说谎的危害，告诫男孩说谎或许能一时蒙混过关，但迟早会让别人发现事情的真相，等真相大白之后，自己不仅会十分尴尬，还会失去父母、同学、朋友、老师对男孩的信任，久而久之，别人就不愿意再跟男孩接近了。这样的话，男孩就会受到启迪，在愉悦互信的氛围中，逐步培养起讲诚信的意识。

认真分析男孩合理的需要

父母应该在男孩提出要求的时候换位思考，用男孩的眼光来看待事物，认真分析男孩的实际需要，尽量满足男孩合理的要求。要认真倾听男孩的心里话，而不要以自己的想法推测男孩的心理。当男孩向父母讲述了他的需要后，父母应该跟男孩一起分析，让男孩明白哪些是合理的，然后满足男孩合理的需要，对于不合理的需求则对男孩讲明道理。千万不要觉得男孩还小，或者觉得事情无关紧要就放纵他们。长此以往，男孩就会形成不良的品格，不断地强化不良行为，最终影响到他们的人生。

讲究卫生的男孩，身体更健康

　　讲究卫生是男孩的生活习惯问题，关系到男孩的身体健康，一个男孩应该从小就养成良好的卫生习惯。

　　讲卫生的男孩多数是健康的，不容易生病，而那些容易生病的男孩往往在卫生习惯上存在一些问题。为了我们的孩子能够健康地成长，父母要从小教育男孩养成良好的个人卫生习惯。

刷牙、漱口的好习惯是坚持出来的

　　在男孩两岁时，妈妈就可以让他用凉开水漱口；男孩学会刷牙后，可以让他在饭后漱口，刷牙要坚持早晚各一次。并且要教会男孩用正确的姿势刷牙，保护牙齿，预防龋齿。如果男孩拒绝刷牙，父母就要给男孩讲明道理，如龋齿会让人寝食难安，影响对营养的吸收，直接阻碍身体的茁壮成长。男孩听后，多半会养成刷牙、漱口的好习惯，这些习惯都是父母慢慢让男孩坚持下来的，男孩知道不爱刷牙的后果是非常严重的，他害怕变成那样，所以会听话地去坚持。

告诉男孩不要随地吐痰

　　教导男孩不要随地吐痰，随地吐痰是最常见的不卫生行为。痰是呼吸道中的分泌物，也是人体的废物，痰中可能带有许许多多的肝炎病毒、"非典"病毒、流感病毒、霍乱、麻疹病毒、结核病病菌等，这些病毒、细菌通过痰液，附着在空气的尘埃中传播到世界的每一个角落，危害每一个人的健康。

平时勤洗澡、睡前要洗脚

有些男孩觉得洗澡时可以玩水因而喜欢洗澡，但洗澡的目的是为了清除身上的污垢，要注意不可只顾玩水而清洁不彻底。而有些男孩不爱洗澡，父母可以耐心告诉孩子，不洗澡身上的气味肯定难闻，别人会主动疏远他，而且不及时洗澡身体也会发痒。父母要经常督促男孩洗澡，让男孩认识到洗澡的重要性。父母要帮助男孩洗澡，教会男孩正确的洗澡方法。大多数男孩对洗澡的认识只停留在玩水的阶段，所以不能任由男孩把玩水当作沐浴。要告诉男孩一些不洗澡的危害，让男孩知道自己不讲卫生的后果是什么。男孩认识到事情的危害性，就会自觉讲究个人卫生了。除了洗澡，父母还要让男孩养成睡觉前洗脚的习惯。夏天应该勤洗澡、勤换衣，其他季节也应定期洗头、换内衣裤、勤洗澡。

提醒男孩勤剪指甲、勤理发

许多男孩不喜欢剪指甲、理发，特别是男孩，有些男孩故意将头发留长，认为那样会很帅。指甲长了容易藏污纳垢，也容易抓伤皮肤，很不卫生。父母应该告诉男孩指甲里藏有很多细菌，是"要命的杀手"，会导致生病，所以要定期修剪指甲。特别是有些爱"吃手指"的男孩，更要讲究卫生，要勤洗手。讲明了道理，男孩一般不会拒绝。

不挖耳朵，不抠鼻孔

首先，平时要注意，不要将异物塞入耳内，以免损伤鼓膜，洗澡、洗脸时注意不要把水弄进耳朵里，影响听力，引起中耳炎。其次，要养成不用嘴巴呼吸，而是用鼻子呼吸的习惯，鼻子呼吸可以使吸入的空气经过鼻道时变得湿润、洁净和温暖，保护肺和呼吸道，降低感染和患病的可能。再次，别在他人面前咳嗽、打喷嚏。在他人面前咳嗽、打喷嚏就有可能将唾液、飞沫溅到别人身上，从而传播病菌，令人厌恶。最后，用手帕擦鼻涕时要按住一侧鼻孔，轻轻地擦另一侧鼻孔的鼻涕，不能同时擦两个鼻孔，以免引起上鼻窦炎。

让男孩养成健康的生活习惯

　　培养男孩，有些男孩有健康良好的生活习惯，非常爱整洁，具有绅士风度，只要细心观察就会发现绅士男孩的背后都有绅士的父母！

　　在日常生活当中，有些男孩喜欢在屋子里玩捉迷藏，喜欢把屋子搞乱。玩具更是丢一地，有些父母不会要求男孩收拾，而是自己动手去收拾。和他们相反的是，绅士父母会让男孩自己去收拾，在男孩收拾不好的情况下再教他们如何才能做得更好。同时，绅士父母还会告诉男孩下次应该怎样玩，让男孩逐渐养成好的生活习惯。最后，当男孩有所提高，能独立取放、收拾时，还要给予鼓励，让男孩获得成就感。

男孩要勤换手帕，定期整理书包

　　培养男孩健康的生活习惯，父母可以告诉男孩：当你有着整洁的袖口和领口的时候，你站在别人面前会很有信心；当你穿上干净的鞋袜时，不仅是尊重他人的表现，也能给自己一份好心情。因此，大家都提倡勤换手帕、鞋子、袜子、衣服，不要因为他人看不见就不在意，尤其是内衣。穿衣服要整洁大方，卫生比名牌更重要。相信男孩明白了这些话以后，会进行一番思索。心动才会有行动，只有他真正意识到这些习惯对自己的重要性，男孩才会开始从心里重视和注意他的生活习惯。好习惯重在父母影响！

不用卫生纸擦拭水果和餐具

父母要告诉男孩不用卫生纸擦拭水果和餐具。医学检测证明，即使消毒较好的产品，在存放过程中也容易被污染。许多卫生纸消毒并不合格，用卫生纸擦拭水果或碗筷并不能擦拭干净，反而还会在擦拭过程中带来更多的病菌。

首先，不要用卫生纸包食物。在生产卫生纸的过程中，纸浆需要经过冲洗过滤，厂家会使用带有腐蚀作用的化工原料及漂白剂，看似干净的卫生纸中其实仍然含有不少化学成分，会污染食物。

其次，要学会勤洗抹布。多数男孩只会拿来就用，并不考虑抹布上滋生的细菌，全新的抹布使用一周后，滋生的细菌数量和种类之多会让人大吃一惊。而在大排档、地摊食品桌、餐馆，抹布的卫生情况会更差。因此，要告诉男孩用抹布擦桌子应先洗净再用，抹布每隔三四天就应该用水煮沸消毒，必须让男孩知道这些常识。当然，如果能使用一次性桌布，则可避免危害了。

讲究用餐卫生

父母要告诉男孩，用餐前要认真洗手，餐桌要擦干净。用餐过程不大声说笑，不看书看报，不狼吞虎咽，不看电视。用餐完后要擦桌子、检查就餐区域的地板上有无遗漏的垃圾等，把应该清理的东西收拾干净。与他人用餐同桌时应用公勺、公筷，最好采用分食制，将菜、汤按人分发，以免通过个人筷勺传播病菌。

保持室内清洁，重要的是监督和指导

父母要告诉男孩，要经常晾晒被褥，地面最好不要铺地毯，要经常擦洗地板以减少螨虫滋生。无论春、夏、秋、冬，都要经常开窗，通风换气。父母是男孩的榜样，要起到带头的作用，也就是说，父母必须从自身做起，做事有秩序、有规律。另外，父母不要心急，不要对男孩提出过分的要求，不要想着让男孩一下子就变个模样，父母要理解男孩，学习需要一个过程。要让男孩知道需要做到什么样子，给男孩制定一个目标，告诉男孩怎样才算干净整洁。慢慢地，男孩就会理解父母的意思，做到父母所希望的样子。

男孩要学会访客、待客的礼仪

小的时候，老师天天讲："讲文明，懂礼貌，人人要做到。"一个人如果不遵守社会文明，小则影响自身、家庭形象，大则影响国家和民族的声誉。"讲文明，懂礼貌，人人要做到"是社会的公共文明水平，可以折射出一个国家、一个社会的文明程度。

培养男孩文明礼貌的习惯，要从一点一滴做起。"绅士"是指"有风度、有德行、能干的人"。在社会交往中礼仪是成功的基石，只有遵守一定的准则和规矩，才能保证文明社会得以维系和正常发展，才能体现人之所以为人的特有风范。金钱无法买来修养，修养比金钱更有价值。近朱者赤近墨者黑，要让男孩多结交一些充满爱心的朋友，远离那些吝啬、冷酷、无知的人。个人文明礼仪是根本，要多多完善男孩的文明修养和思想，这是后天不断学习完善的，而不是与生俱来的。

做个文明、礼貌的访客

如果和朋友约好登门拜访，要提前告诉男孩见到主人要主动问好、打招呼；进了门，先把脱下来的鞋子摆放整齐；不要在主人家里到处乱跑；不可以随便进入主人的卧室和房间玩耍，除非主人容许；主人递过来的水果，要双手接过并致谢；对主人的招待、照顾，要随时表示谢意；临走也要向主人道谢，并邀请主人有机会到自己家里做客。

学习进餐礼仪

1.咀嚼食物时，要尽可能闭着嘴巴，不要大声地咂巴嘴巴，不要大声说笑，不要发出太大的声响，嘴里有食物时不要说话。

2.进餐时，如果打喷嚏或咳嗽打嗝，应把头转向旁边，并且用手帕掩住嘴；忌在饭桌上吐痰，擦鼻涕。

3.进餐中，吐出的残渣应放在自己的面前，夹菜时偶尔掉在桌面上的菜应放进放残渣的盘中。

4.菜上桌后，应等长辈或主人动筷后再夹菜，避免在主人未招呼前夹菜用餐。

5.夹菜时，不在盘中挑拣或胡乱搅和，更不能独占自己爱吃的菜。

6.吃自助餐时，不可来回跑动，使用完的空盘不必重复使用，可换取新盘再盛别的食物；不可大声喧哗，根据饭量和胃口选取食物。

让男孩学会待客的规矩，变成彬彬有礼的主人

父母要给男孩讲解待客的规矩，使男孩懂得一定的行为规范。如亲友来访时，听到敲门声时男孩要说"请进"；见了亲友要主动问好；拿出水果、点心等热情地请亲友吃，不应独自去吃或显出不高兴的样子；当大人谈话时，男孩不应随便乱插话或是乱讲话；如果有小客人来，应主动拿出自己的玩具与小客人玩；要一起吃饭的人没有全部入席前不能动筷子自己先吃；客人离开时要说"再见"并欢迎客人下次再来。要鼓励男孩直接参与接待。

如果客人是第一次来自己家，男孩要帮助父母照顾客人，给客人拿点心、倒茶，陪客人参观自己家的房子，陪客人的小孩玩耍等。在待客的过程中，男孩不仅能增加主人翁的责任感和自豪感，还能学会与别人相处的礼仪。家里来客，男孩一般很兴奋。男孩是小主人，父母要让男孩感到自己是家庭中的一分子，不能冷落男孩。另外，父母待客要热情、礼貌。尽量让男孩参与进来，通过直接参与，可以使男孩待客的技巧得到锻炼，并逐步养成习惯。

让男孩出题考考父母，会使男孩变细心

　　妈妈要拿出更多的宽容和耐心面对男孩的粗心，慢慢想办法，千万不要乱批评、瞎指挥，更不要期望一蹴而就。男孩细心的好习惯是在日常生活中一点一滴养成的。

　　人的兴趣、自制力、情绪等都会直接影响一个人的人生。男孩如果学习情绪不高，或者对某门功课缺少兴趣，就非常容易粗心；而有些男孩不能控制自己的情绪，非常容易兴奋，总是被学习外的事物所吸引，这个时候更是粗心"出没"的高发期。所以，父母要根据男孩的具体情况，采取恰当的方法改正男孩粗心的坏毛病。

教男孩学会自检

　　有些父母总怕男孩写作业不认真而做错，考试得不到高分，于是天天帮助男孩检查作业，这样做的结果是养成了男孩依赖性的思维，认为就算马虎也没什么关系，反正还有父母给自己检查。第二天老师发现男孩的题是错的，就问："你怎么这么马虎？"他会想：不是我马虎，是我妈妈马虎，她没帮我检查出来！父母帮男孩检查作业的结果，往往只是助长了男孩马虎、不负责任的态度和坏习惯。因此，父母不要帮男孩检查，而要让男孩自己检查，以提高自检能力。

　　传说古时候在开封住着一位画家，他做事非常不认真。一天，他画老虎，刚刚画完了虎头，就有个人来了，请他帮忙画匹马。于是，画家就在虎头下画了马身子。那人说："你画的是虎还是马？"画家说："管他呢，马马虎虎吧。""马虎"这个词就这么出现了。那人生气地说："这么凑合实在不行，我不要了。"于是，生气地转身走掉了。可画家并不在意，还把此画挂在了自己家墙上。大儿子问："您画的是什么？"他漫不经心地答道："是老虎。"二儿子问："您画的是什么？"他随口说："是马。"儿子们没见过真老虎和真马，于是，就信以为真，并将其牢牢地记在脑子里。一天，大儿子到城外打猎，遇见一匹好马，误以为是老虎，上去一箭就将马给射死了，画家只好赔偿损失给马的主人。二儿子碰上了老虎在野外，却以为是马，便迎过去要骑在它身上，结果被老虎咬死。画家痛心极了，恨自己太马虎，生气地把那幅虎头马身画给烧了。他吸取教训，悲痛地写了首打油诗："马虎图，像马又像虎。大儿仿图射死马，二儿仿图喂了虎。奉劝诸君莫学吾，草堂焚毁马虎图。"父母在充分认识到马虎的危害之余，不妨把这个故事讲给男孩听听，它比训斥男孩更有教育意义。

帮助男孩建立"错题集"

有的时候，面对男孩画满红叉的卷面，父母心里非常着急，不知道该如何是好。根据我多年的教育经验，有个方法很好：可以让男孩记录下所有错题，找出错误的原因，并将原因写在旁边，然后填写出正确答案。男孩写出的原因，可能多半是不小心、没注意，这样可以让男孩认识到马虎的危害，促使男孩改正。错题集是男孩自我教育的好方法。可以提醒男孩草稿不要太潦草。不少男孩是从草稿上演算开始马虎的。所以父母应该要求男孩从一开始就要认真严肃，这有利于克服马虎的毛病。橡皮也是造成马虎的一个根源。父母要限制男孩使用橡皮，尽量少用橡皮，争取一次做对，男孩就会养成认真的好习惯。

让男孩考考父母

让男孩出题考父母，男孩多半会很感兴趣，男孩会故意出些难题和易错题将父母难住。父母通常也会故意马虎，让男孩判断和提出批评，这对男孩是另外一种教育。如此，男孩会把自己当成学习的主考官，在将来他们做题时就会防止自己出错和马虎，养成细心的做题和学习习惯。建立起了那份责任心，男孩自然能够小心谨慎地对待每件事情，避免马虎。

Part 03
第三章

优秀品质，
成就男孩卓越人生

真正优秀的男孩，应该具有非常优秀的品质，优秀的品质是成功最重要的保证，从小培养男孩优秀的品质，才能让男孩在以后的成长中立于不败之地。优秀的品质是在良好的教育环境中逐步养成的。家庭是男孩的第一所学校，父母是男孩的第一位老师。男孩所表现出来的品质细节往往受到父母潜移默化的影响。只有懂得不断地提升自我，善于抓住契机来教育男孩的父母，才是智慧的父母。

树立男孩"我行"的心理暗示

有句教育名言这样说："要让每个男孩都充满自信地抬起头来走路。""抬起头来"意味着对未来、对自己充满信心。

任何一个人，当他昂首挺胸、大步前进的时候，他的心里就会产生诸多的潜台词："我能行""我的目标一定能达到""我是最棒的""我不比别人差""小小的挫折对我来说不算什么"。假如男孩能够拥有这样的心态，就肯定能成为德智体全面发展的好学生。因此，让男孩挺起自信的胸膛，激发孩子的自信，是父母应该重视的问题。

父母要尊重男孩，帮助男孩建立良好的自我形象

自我形象就是自己对自己的评估与看法，年幼的男孩自信心的形成与父母有密切的关系，对自我的评价与看法离不开成人对自己的评价和看法。任何人都有被人尊重和自尊的需要。而被人尊重、自尊是产生自信心的第一心理动力。没有自尊心的孩子不可能有自信，孩子的自信首先来自自尊。因此，父母需要尊重孩子，帮助孩子建立良好的自我形象。尊重孩子不分地点和时间，即便在孩子犯错时也应保持尊重并悉心教导。父母不妨将心比心，想想自己有了缺点、犯了错误时，希望别人怎样对待自己。

树立男孩"我行"的心理

人们总是喜欢把眼光放在别人的优点上，男孩也是这样，他们总盯着自己的缺点不放，很容易产生自卑的心理。因此，父母要保护自卑的男孩的自信心，告诉男孩"你能行"，让他认识到自己的长处和优点，帮助他看到希望，使他相信自己的能力，找回自信。让男孩从成功中找到自信。培养自信心还有一个好方法，就是让男孩不断获得成功。长期处于缺乏自信的状态，男孩会在心里建立消极的自我预言，即"我很没信心""我是没用的"等，这种心理让男孩越来越没有信心，越来越不敢尝试新的事物。因此，父母在平时的生活中要淡化孩子"我无能"的心理，有意识地帮助孩子建立"我能行"的自信，并及时给予孩子积极的表扬和鼓励，在孩子表现出自信时，巩固孩子"我也行"的心理。

培养男孩的特殊才能

父母可以根据男孩的爱好和兴趣来培养男孩的一些特长，特殊的才能可以增强孩子的自信。比如有些男孩能写一手好字，父母就可以让他练习钢笔字、毛笔字等，只要男孩有兴趣去学，肯定会做得很好，父母则可以抓住机会夸奖男孩，让男孩明白他是有能力的，从而树立起男孩的自信心。当然，父母也可以通过展示男孩的特长，让他人来认同孩子的能力，这样更能提高孩子的信心。

随时巩固男孩的自信

当父母看到男孩因不断的成功而树立起信心时，更要不断鼓励男孩，巩固其自信心，千万不能以为这样就大功告成，巩固男孩的信心是一个不间断的过程。男孩只有通过自己的不断努力，在鼓励声中树立自信。如果父母不顾及孩子的感受，经常挑剔，那么孩子刚形成的自信很快就会消失。

引导男孩树立正确的人生观和价值观

如何让男孩富有社会责任感，并充满爱心呢？爱心是一个人通向成功之路的桥梁，而一个社会赖以进步的基础是责任。培养孩子社会责任感和爱心的主要渠道是家庭、学校、社会，而学校在培养孩子社会责任感和爱心方面作用尤其重大。

男孩缺乏社会责任感和爱心，其原因是多方面的，现在很多孩子是独生子女，父母将亲情视为至高无上的法则，不忍对男孩进行严格教育，结果导致男孩只知索取，不愿意付出，对长辈、老师、同学、家庭包括社会的责任意识十分淡薄，这些归根到底是自我意识的膨胀。在市场经济下，学校对未成年人的教育趋势更趋向于市场效益，往往重视智力教育和素质教育，而忽视了品德教育。

引导男孩树立正确的人生观、价值观

很多学校把品德教育与纪律教育混为一谈，实质上，道德教育是一个综合性的概念。然而现在社会上普遍缺乏道德精神，很多人沉迷于封建迷信、邪教、黄、赌、毒等极端个人主义和享乐主义、拜金主义等，道德和法律的底线遭到不断的冲击，这些都给未成年人带来错误的示范。父母应该引导孩子树立正确的人生观、价值观，建立科学的道德评判机制，培养他们辨别善与恶、美与丑、正义与非正义的能力。为未成年人做好典型引导，宣传英雄形象，尤其要适应当代未成年人的特点，树立良好的榜样，这需要人们在全社会形成一种扬善抑恶、去邪扶正的正气，有了这种道德风气，才能为青少年道德教育营造出良好的氛围。

促使男孩自立、自强、自爱

父母要欣赏自己男孩的变化，促使其自立、自强、自爱。父母要尽可能地赞扬男孩，避免对男孩进行正面批评。在日常生活中，要巧妙地让男孩知道什么应该做，什么不应该做，让男孩感觉到自己在慢慢长大，让他感觉到自己原来很优秀，从而产生自立、自强、自爱等意识，在正确的方向上不断发展。

巧设意境不失时机地进行情感教育

父母要及时进行爱的传递，做男孩的爱心讲解员和发现者，让爱心从小在男孩心中萌芽成长。如看到母鸡保护小鸡时，可以适时地介绍母爱的无私、奋不顾身和伟大。阅读书籍、讲故事也是培养男孩爱心的方式之一。不管对男孩采取哪种教育方法，关键是要注重男孩爱心的培养。不要让男孩内心冷漠，要使男孩拥有一颗纯真善良的爱心。父母要做一个爱的使者，要不断地、长期地把爱传递给男孩。

在潜移默化中使男孩拥有感知爱的能力

父母、亲人是爱心传递的使者，要用心去教育男孩，包括尊重乡邻、珍惜时间、爱护一草一木等，使男孩在潜移默化中拥有感知爱的能力。同时，父母要结合生活中孩子破坏玩具、撕毁图书等不好的行为进行教育，告诉他为什么不能这样做。耐心地给男孩讲解什么是爱。另外，语言不要成人化，但可拟人化，如"你不爱护玩具的话，玩具就生气了，不和你玩儿了"。用这样的表述使爱具体化。男孩会从熟悉的人的生活和言行中汲取爱，从小就懂得"爱人者，人恒爱之；敬人者，人恒敬之"的道理，拥有爱心才能成为高尚的人，才会得到别人的尊敬。

让男孩明白"人无完人"

宽容是一种美德，能使人性情温和，能化干戈为玉帛、消除许多无谓的矛盾。

宽容的人，因为能够时时刻刻处理好各种人际关系，能够很快地适应各种不同的环境，会受到人们的拥戴，能够充分发挥自己的潜能，融洽地与人合作。古人说，一个真正的人要有温、良、恭、俭、让这五德，温，也就是温和、宽容，把宽容放在五德之首，足以表明中国古代对宽容有多么重视。

教男孩明白"人无完人"

父母应该让男孩明白，金无足赤，人无完人，每个人身上都会有缺点。与朋友、同学相处应该学会求同存异，完全没有必要求全责备。对于朋友的不足和缺点，对于同学心情不好时所做的事和所说的话，不必要求事事都做到公平合理。多给人一分理解和宽容，同时使自己的个性更加完善，也为自己带来一个好心境。

"是父亲那崇高的宽容态度挽救了我。"印度民族英雄甘地在回忆自己的成长过程时说。甘地出生在一个小藩王国的宰相之家，从小就爱撒娇，性格也不开朗。他对父母十分顺从，自尊心很强，对周围的事物也特别敏感，一旦被人奚落马上就会哭鼻子。在学校一挨老师批评就难过得受不了。少年时期，他染上了烟瘾，后来由于好奇发展到偷家臣和兄长的钱买烟抽，而且越陷越深。后来他感觉到自己偷别人的钱，背着父母抽烟的行为太可耻了，一想起来，内心十分痛苦甚至还想过自杀，觉得没脸见人。当他终于忍受不了痛苦的折磨时，鼓足了勇气将自己的整个堕落过程写在了日记本上，交给了父亲，希望得到父亲的严厉惩罚、批评以减轻内心的痛苦。父亲看后非常生气还伤心地流下了眼泪，但是父亲没有责备他，久久地凝视着儿子。甘地受到极大的刺激，看到父亲痛心的样子，更加深感辜负了父亲对自己的期望，从而内疚、自责、悔恨。从此，他痛下决心彻底改正了错误。

父母要以身作则、心胸宽广

父母要让男孩学会宽容，首先自己应有宽容的品质。在开始教育自己的男孩之前，首先应当检点自身行为。如果父母无视他人的意见，本身心胸狭窄，习惯于将自己的意志强加于人，为一点小事争执不休而斤斤计较，不给人改错的机会，孩子又怎么能学会宽容呢？父母大度、遇事不斤斤计较、宽容，与邻里、同事融洽相处，男孩就会学着父母的样子处理自己与同学之间的关系，也会变得和善、宽容。

培养男孩善待他人的意识

在生活里不论男女老幼，你对人好人便对你好；如果我们对人态度粗鲁，是不会得到他人友善相待的。所以，教导你的男孩，只有善待别人，才会得到别人的善待。聪明的父母会恰到好处地教会男孩怎样待人。男孩一旦学会善待他人，就会学会宽容别人，因为孩子已经有了一颗宽容的心、友善的心。父母应该让男孩明白，他人是自己的影子，善待他人也就是善待自己。对他人多一份宽容和理解，其实就是帮助和支持自己。

勤奋会使有天赋的男孩才能更出众

平凡人能通过勤奋弥补缺陷，勤奋会使有天赋的人才能更出众。爱因斯坦说："在勤奋与天才之间，我毫不迟疑地会选择勤奋，她几乎是世界上一切成就的催产婆。"

事实上，一个勤奋的人能够取得的成就必然比平常的人要多。因此，父母一定要注重从小培养男孩勤奋的美德。现在很多孩子是独生子女，在家庭里极受重视，被父母视为"心肝宝贝""掌上明珠"，不少父母对孩子百般迁就、过分溺爱，久而久之，使男孩心目中只有自己，养成不良的行为习惯，逐步滋长任性、自私、懒惰和依赖等坏的行为和心理。

培养男孩热爱劳动的习惯

在家里，男孩应该跟其他成员一样，可以享受一定的权利，也要履行一定的义务，不要把男孩教育成"小皇帝"。父母应该注意培养男孩独立生活的能力，要教会男孩做一些力所能及的事情。这样，对男孩来说，既养成了他们爱劳动的好习惯，又培养了他们独立生活的能力。培养男孩勤奋的学习习惯，父母还要为男孩制定合理的作息时间，让男孩的活动有规律。

培养男孩勤奋学习，拓展视野

每个孩子的求知欲都很旺盛，通常情况下，男孩对社会上一些新鲜事物的好奇心会特别强，任何事情都想弄个明白，但父母的水平有限，有时男孩所提的问题，父母根本无法解答清楚，自己也深感困惑。遇到这种情形，该怎么办？父母不能含糊其辞地胡乱解释误导男孩，要坦诚地告诉自己的男孩，"爸爸、妈妈也无法解答这个问题""等爸爸妈妈弄清楚了再告诉你可以吗"。星期六或星期天带男孩到图书馆或书店查阅资料，把男孩所提的问题弄清楚，既帮助男孩解决了问题，自己又从中学到了知识。大人们应该在百忙之中，多带男孩逛书店，徜徉在知识的海洋中，充分地培养男孩的学习激情，拓展视野，增长知识。

好习惯的养成不在一朝一夕，贵在长久坚持

习惯决定男孩的命运，好习惯贵在坚持。男孩上课对读书不感兴趣、观察事物粗心、记忆力差、注意力不集中等情况，都是影响男孩形成良好学习习惯的因素。父母首先要培养男孩的学习兴趣，创立有利于男孩学习的外部环境，引导男孩的好奇心。还可以进行一些培养注意力的训练，养成男孩主动学习、读书的习惯等。

帮助男孩克服心理障碍，与人友好相处

男孩自然是调皮的，免不了在学校里与同学闹矛盾。有时候父母下班，刚进家门就能看到孩子面带泪痕，一言不发，拉长着脸。聪明的父母一眼就看出男孩与同学发生了不愉快的事情。经过一番耐心的思想开导后，男孩终于道出事情的原委。父母应帮助男孩打开心结，让男孩破涕为笑。是自己家男孩的过错要当面批评，是别人家孩子的过错，要视情况给予充分的谅解，鼓励自己的男孩不要计较别人的小过错，要心胸豁达，积极友善地与人相处。

教育男孩不怕失败、永不放弃

　　为了帮助男孩磨炼出坚强的意志，必须让他们从小就有体验困难和挫折的机会，进而树立起积极进取、竞争、力争上游的意识。在这个过程中，父母给孩子带来的不仅是快乐，还有智慧和财富。

　　男孩的成绩并不能决定男孩的未来，有的男孩学习成绩并不是很优秀，但长大了一样很有出息。分数本身并不能说明什么，父母不能因为分数低而责骂孩子，伤害男孩的自尊心。父母要教育男孩不怕失败、不怕挫折，要有永不放弃的精神，一次不行再来一次。要知道，培养男孩不服输的性格比考试得高分重要得多。

男孩应当多参加社会实践活动

　　长期生活在学校会影响男孩对社会的适应能力，会让男孩对社会抱有不切实际的恐惧或幻想。要让男孩明白各种社会分工，主动走进社会，接触真实的社会生活，才能够消除误解和陌生感，找准自己的社会定位。可以让男孩选择一些与理想接近的工作进行尝试。人生理想的基础阶段是学习。男孩只有真正地去接触理想的社会形态，才能明确自己是否喜欢这个人生理想。如果能力与期望值相符，男孩会坚定自己的理想，如果有偏差，也可以早日调整，找到更符合自己期望的人生理想。要想男孩早日磨炼出过人的适应社会的能力，就要鼓励他勇敢地走出家门，进行社会实践活动。

父母要做男孩假期打工的支持者

假期打工能够让男孩收获丰富的社会经验，父母要支持男孩假期去打工，否则孩子可能会隐瞒父母独自行动，然而社会形势很复杂，孩子的社会阅历很浅，容易上当受骗，有许多安全隐患。要让男孩在父母知情的情况下出去打工，有情况及时报告，这才是一种可靠的假期打工模式。

有条件的父母要支持与鼓励男孩去田间劳动

夏季正是棉花、水稻等农作物生长的时候，是一个劳动的季节，有条件的家长可以带着孩子去田间劳动，让男孩体验生活，亲近大自然。除了田间，也可以去蔬菜种植园、果园、花卉种植园甚至家禽养殖场等，为男孩提供劳动的机会。这些工作十分有趣，又很安全，可以让男孩体验到劳动的乐趣，是不错的选择。

给男孩提出中肯的建议

在男孩暑假打工的问题上，父母有着非常丰富的社会经验，如果男孩要参加暑期打工，父母应该多给男孩提一些好的建议。有一些工作，以男孩的资历和年龄无法胜任，父母要帮男孩排除掉；也有许多工作更适合男孩，例如在家附近发传单、卖东西、当家教等。家长应鼓励孩子去体验生活，可以将男孩引荐给招聘单位，帮助孩子找一份合适的工作。

纠正男孩自负的毛病

　　近些年来，赏识教育受到很多父母的追捧，他们相信好的男孩是表扬出来的。但是过多的不理智的表扬也会产生副作用，那就是让男孩变得自负和不理智。

　　有很多小孩被人称作天才，长大以后却十分平庸，就是因为小时候听到的赞美太多，不思进取，自以为什么都行，结果错过了学习的最佳时间，最终和普通人没什么两样。在男孩的成长过程中，骄傲是大敌，自以为是和狂妄自大的男孩长大后往往一事无成。父母的榜样作用以及对孩子的教育方式十分重要。有些父母由于自身条件比较优越，经常流露出对他人的不屑，总是表现出一副扬扬得意的姿态，经常议论同事的缺点，如某某不如自己。孩子听到这些话也会受到影响，只看到自己的长处而嘲笑别人的短处。

让男孩学会客观看待自己

　　父母应耐心地教导男孩，让男孩学会正确地评价自己，既能认识到自己的优点，又能看到自己的不足。父母要告诉男孩在交友中应该怎样做，不应该怎样做，督促男孩改变自负的情绪，规范男孩的行为，并加以指导，使男孩养成良好的行为习惯，这样男孩才会受到大家的欢迎。

　　有人问美国著名作曲家彼得·李伯森："你最难忘的事情是什么？"他说："是我

二十一岁时的生日。"接着，他叙述了那天的情景："父亲带我到纽约去玩。我穿上盛装，理了发，神清气爽，觉得自己帅极了。途中我进了洗手间，在洗手间里照镜子的时候感觉非常得意。当我从洗手间出来时，人人都在看着我。这时候我只知道自己很帅气，所以才能够如此引人注目。但是随后我听到身后有响声，回头一看，原来是我的裤子上粘着一卷草纸正跟着我下楼。从那天起，每当我觉得自己不可一世时，我总会回头看看裤子后面有没有一卷草纸。"

让男孩认识到骄傲的危害

自古以来，"满招损，谦受益"，父母应告诉男孩骄傲的危害，有意识地给男孩介绍一些失败者的经验，让男孩认识到骄傲是健康成长的绊脚石，取得的任何成绩只能是局部的、暂时的，只能作为一个起点。父母应该告诉男孩，古今中外，凡是有所作为的人都是在取得成绩后，仍能保持谦虚、奋进不止的人。

不要过度表扬男孩

不要过度地表扬男孩，过多表扬往往会让男孩"把尾巴翘得老高"。有些父母望子成龙心切，看到孩子稍微有点进步就赞不绝口，欣喜若狂，久而久之，促使孩子产生了骄傲自满心理。正确的做法是在表扬孩子时尽量做到"浓淡"适度，既要肯定孩子的成绩，也要让男孩明白还需要继续努力。

纠正男孩自负的毛病

有自负情绪的男孩往往认为自己比谁都强，过高地估计了自己，只看到自己的长处，看不到自己的短处，拿自己的长处和他人的短处相比，因此他们不会设身处地替别人着想。父母在发现男孩出现自负的苗头时，应及时地予以引导和教育，告诉男孩自负有什么样的危害，教会男孩客观地认识自己和评价自己。

家庭里有事件发生时不要瞒着男孩

　　人生不如意事十之八九，男孩的未来是漫长的，不可能事事顺心，所以要学会等待、忍耐，接受磨炼和挫折。父母不能呵护男孩一生，必须让他从小学会为将来接受磨炼做准备。

　　教育男孩最重要的是耐心，有些家庭的男孩可能比别人家的孩子慢一拍或者学习不好，父母也不要着急，父母要用一颗沉稳的心等男孩懂事，不要因为男孩暂时过不了"大山"，父母就去帮他，而应站在山顶等着男孩自己爬上来，一起感受胜利的喜悦。很多时候，父母包办了男孩许多他自己可以做到的事情，而在男孩不如别人家孩子的时候又埋怨男孩。渐渐地，男孩的积极性、独立思考能力都消失了，而父母只盯着男孩学习成绩的好坏，却忘了教男孩如何做人。

让男孩学会忍耐、吃苦和克制

　　男孩要什么，父母不可以手忙脚乱、慌慌张张地马上满足他，而应当不慌不忙让男孩耐心等待，告诉他"等妈妈抽出空来给你取""等爸爸发了工资才能买""等开水凉了才能喝""等你有了新的进步妈妈奖赏你"……不要让获取成功显得太容易，让男孩知道好的生活来之不易，应当学会说谢谢，学会自己去争取。

　　家长要坚持原则，定好的规矩，不能因为孩子撒娇就退让，让孩子学会自我控制，说到做到。这不但能够增强男孩的意志力，也可以减轻男孩的心理负担。例如不该看的电视剧就不能看，父母与客人谈正事时不能打扰，规定的作息时间不能违背等。

让男孩在不知不觉中变得坚强

男孩遇到生病、受伤等情况时，父母即使心里着急，面上也要平静，不可流露出过度害怕、慌张、担忧的神情。当男孩看到父母神色比较平静，也能在不知不觉中学会忍受病痛，变得坚强和勇敢。

男孩做了错事该批评就批评，该冷淡就冷淡，该生气就生气，当然这种冷淡或生气只是一种教育手段而已，要适度，不能伤害男孩的自信心和自尊心。可以取消某次旅游，拒绝给男孩买最喜爱的物品，惩罚男孩静坐半小时等，要让男孩学会冷静和自省，这也是有助男孩健康成长的素质之一。

家里有事件发生时，一般不要瞒着男孩

人生道路不可能一帆风顺，一个家庭有时也难免要面对病痛、灾祸等困境。家中发生变故时，在孩子心理承受范围内，尽量不要瞒着孩子，应让男孩与父母共同面对现实，积极克服困难。让孩子知道，苦难是人生中的一笔重要财富。我们常常可以见到，一些家境困难的孩子，却格外坚强懂事，这与父母的教育也是分不开的。要让男孩学会承受苦难和不幸，勇敢乐观地面对生活。

培养男孩的独立性

　　积极进取的精神能够促使男孩顽强地向着未知领域前进，不停地探索，这是人类性格中的一种特征。强化男孩的坚强意志和独立性，是培养男孩成才的重要一步。

　　随着自我意识的增强和年龄的增长，男孩开始探索自我价值和人生意义，做父母和做老师的，应当不失时机地帮助其树立正确的价值观、人生观，使他们懂得，人活着不但要有职业理想和社会理想，而且要有生活理想。通过多种方式，为实现宏伟理想而刻苦学习，激励孩子立志成材。为使男孩永远不满足于现状，满怀信心，不怕困难地奋勇前进。父母应大力培养男孩的进取心和独立性，帮助男孩早立大志。

培养男孩的专注精神

　　知识是无限的，一个人的精力和生命却是有限的。把无尽的知识都变成财富，全部掌握，是异想天开。符合实际的做法是在掌握了一定的知识之后，选准目标，集中精力专攻一门学科。父母要帮助孩子抵制不良思想与不健康生活习惯的侵蚀，专心致志地朝着目标奋勇前进，排除外来诱惑与干扰。

　　有一次，法国昆虫学家法布尔受到国王接见。走进皇宫，他看到国王周围的官员都穿着带银扣子的靴子和燕尾服时，竟忘掉了自己是在皇宫里，用观察昆虫的眼光打量着眼前官员的服饰，不禁喃喃自语："啊，真像'鞘翅目'！连颜色都像极了！是绿黑色的。"为了捕捉到一只小虫子，他经常跟着虫子到处跑。捕捉昆虫时，他怕虫子的腿受伤，手上小心翼翼，却顾不上脚下，差点跌断了腿。有时他躺在野地里观察虫子的活动规律，一躺就是一天，旁人不理解，说他是"中了邪"。法布尔痴迷于昆虫的程度，可谓达到了研究昆虫的最高境界，用他自己的话来说这叫"精神集中到了一个焦点"。

只有用正确的方法教育男孩，才能使男孩拥有不怕困难、永不满足、勇往直前的优良品格。法布尔连会见国王时也在想着昆虫，专心致志到"痴"的程度，思想高度集中在"昆虫"这个焦点上，又怎么会在昆虫研究方面没有建树呢？因此，要想男孩未来在某一方面有所成就，就要帮助男孩明确自己的兴趣和奋斗目标，点燃男孩内心积极进取的斗志。

男孩要靠自己的力量去生活

父母要尊重男孩的想法和意见，让孩子自己思考，不能代替男孩去考虑问题，这样男孩才能有主见，能独立思考问题，从而为男孩日后的成功打下基础。日本的父母将"自己的事情自己做"的思想灌输给子女，告诉他们一个人不能永远依赖父母，要靠自己的力量去生活。所以日本男孩外出时书包再重都是自己背，如果要父母帮忙的话，就会被人看不起。有的男孩一年四季洗冷水澡，以锻炼自己的精神和意志。

诱发男孩的成就动机

成就动机是指人在进行某个任务或是活动时，竭尽全力去追求，并获得优异成绩的动力。心理学研究发现，成就动机的高低所造成的差异，不论是在学习方面还是在其他活动方面都十分明显。如在学习表现上，成就动机高些的男孩，在解决问题和困难时，比成就动机低的学生显示出更多勇气和信心，在攻克难题时能耐心细致，锲而不舍。据研究，孩子成就动机的形成与所接触的社会环境、文化及家庭因素有关。仅就家庭而言，家长多鼓励、引导孩子持之以恒、独立地完成某件事情，孩子便会有比较高的成就动机。

没有计划的男孩永远做不好事情

我们都知道男孩在学习和生活中常常出现"一团糟"的现象，比如一大早就手忙脚乱地大喊"妈妈快帮我找找书""妈妈我的袜子呢""马上要迟到了"。做完作业不好好整理书包，书和笔经常找不到，这些情况让父母都很头疼。

解决男孩的这些问题其实也很简单，最好的方法就是让男孩学会做计划，有条理地安排自己的事情。家长可指导男孩列一张计划表，明确有哪些要做的事，每件事的具体内容和时间，再踏踏实实，一步一步去完成。做事有计划，不仅是一个人学习、生活、工作的良好习惯，也是一种积极的生活态度。做事没有条理的人，无论从事哪个行业都难以获得好的成绩。父母不仅要教会男孩制订计划，还要引导男孩按计划走，坚持完成，不可虎头蛇尾。长此以往，男孩不但做事效率高，而且思虑周全。

引导男孩做事有条理

父母想让男孩做事有条理，就要从日常生活的细节抓起。例如，晚上睡觉之前，一定要整理好书包、准备好第二天要穿的衣服等；用过的东西要放回原处，房间摆设要井井有条，以免需要时找不到等。这些都可以帮助男孩养成做事有条理的好习惯。

教男孩按规律做事

父母要让孩子懂得，做事应遵循客观规律，而不能冲动蛮干，树立科学的做事态度。例如安排作息时间，要根据生物钟来定；学习某个科目，要由浅入深，循序渐进；做一项工作，每一个步骤要合理分配时间。在男孩做事时，有些父母会反复叮嘱，导致孩子产生不耐烦和抵触情绪，其实更好的办法是父母树立一个好的榜样，在潜移默化中影响孩子。

要让男孩做事有计划

父母可以把自己的计划告诉男孩，并且征求男孩的意见，向男孩示范自己的计划，让男孩帮着制订计划。比如在周末的清晨，可以这样对男孩说："吃完早饭后，我想好好安排我们的生活，我们到公园去看花展，然后回来吃午饭，午饭后你小睡一会儿，一点钟我们去少年宫学画画，三点我们带你去海洋馆看海豚。"这种示范不仅可以帮助男孩学着去安排自己的事情，而且能够帮助男孩理解计划的重要性。如果男孩有了按计划做事的意识或者男孩对父母的计划提出了疑问，那么父母就可以让男孩来参与安排、讨论计划。如果男孩安排得合理，就按照男孩的安排去做；如果安排得不合理，就要跟男孩讲清不能这样做的原因。这种实践性的锻炼能够迅速提高男孩做计划的能力。

Part 04

第四章

责任心，男子汉的责任心要从小培养

男孩终究要长大成人，独自闯荡社会，他在未来将会面临巨大的压力和挑战。现实不承认眼泪，成功只能凭实力。有责任感的男孩将来才会有所作为。有责任感的男孩会竭尽全力担负起自己该负的责任，会顾及家人的需要。不推卸责任，更容易获得他人的认同、信任和支持，也更容易让男孩对群体做出贡献，从而提升自己的能力感。培养男孩的责任感要循序渐进，从小抓起。

培养男孩成为有责任心的男子汉

什么是负责？"负"是承担、担负，"责"是责任、职责，负责就是担负责任、尽到应尽的职责。可见，负责是义务与权利、责任与权力的统一。

责任心是一个人对自己的所作所为自觉负责，对他人、集体、国家乃至整个人类履行义务和承担责任的态度。一个人的责任心决定了这个人在工作中的态度，也间接决定了这个人能取得多大的工作成就。一个缺少责任心的人，即使有再强的能力，也不一定能做出好的成绩来。

男孩将来要承担更大的义务和责任

父母都希望男孩将来成为一个男子汉，勇于承担更多的责任。虽然身处文明社会，男性不再被要求必须孔武有力，但身为堂堂男儿，有魄力、有担当，帮助弱者，保护妇孺等仍是义不容辞的责任。因此父母必须从小培养男孩的责任感，因为他们身上寄托了家庭和社会的希望，这是无法逃避的。

一次，一个男孩不小心打破了别人的窗户，需要赔付主人一笔赔偿金，但男孩手里没有那么多钱，于是就问父亲要。父亲说："自己做错了事情自己去承担，我可以借给你钱，但事后你得把这些钱还回来。"男孩默不作声。后来，男孩通过帮助别人家里干活，花了一年的时间攒钱，最后将钱全部还给了他的父亲。

在这个故事中，男孩知道要对自己做的事情负责，通过自己的劳动来承担自己的责任。

"逼"男孩对自己负责

如果男孩已经依赖成性，父母就需要采取坚决的态度，逼迫男孩面对问题。父母要舍得让男孩承担更多的责任，因为在男孩的成长过程当中，责任心发挥着无比重要的作用。科威特著名作家穆尼尔·纳素夫说过："责任心就是关心他人，关心整个社会。有了责任心，生活就有了真正的灵魂和意义。"俄国大文豪托尔斯泰说："一个人要是没有热情，他将一事无成，热情的基点正是责任感。"比尔·盖茨说："你可以不伟大，但不可以缺少责任心。"著名作家余秋雨认为："男孩的第一魅力是责任感。"而美国品德教育联合会主席麦克唐纳也曾经说："能力不足，责任可以补；能力有限，责任无限。"责任不够，能力无法弥补，可见责任心的重要性。

男孩要对家人负责

每一位男孩身上都寄托着家庭对其的无限期望，要成长为一个真正强大的男子汉，男孩首先要学会对生养他的父母负责、对家庭负责。父母应该让男孩知道他对父母，对家庭还负有责任，爱心应该是双向的。对家庭负责的能力和意愿，是从小就培养起来的。放手让男孩承担一定的家庭责任，这极有可能为男孩将来的发展打下良好的基础。父母过于强势，男孩就可能会过于软弱。父母包办过多，就剥夺了男孩为家人承担责任的机会，不利于男子汉气质的形成。为了让男孩更加坚强，父母有时要"狠心"一点，让男孩在承担中得到磨炼和成长。

抓住机会让男孩自己负责

每个孩子成长过程中都难免犯错，怎么办？有很多父母把孩子找来就是一通盘问："你怎么这么不听话呢？""这是不是你干的？""你怎么能做这个呢？""快跟人说你错了！""走吧走吧，回去写作业去！"

只要男孩回家学习去了，对男孩的追究便万事皆休，而父母留下来道歉、赔礼，上医院甚至打官司，天大的麻烦父母扛着。可是父母扛得越多，男孩越没有责任心。这样导致男孩的成长体验就是：自己闯了祸，说声"对不起"就完事。世上有这么简单的事儿吗？没有。所以父母不可以给男孩造成这样的错误印象。

抓住机会，让男孩对自己负责

责任心的培养有一个基础起点，那就是先要为自己所做出的行为承担责任。修身齐家治国平天下，修身是成就一切的基础，连自己都不能管理好的人，无法承担大的责任。要想成为一个负责任有责任心的男子汉，就要让男孩首先对自己的行为负责，学会承担责任。

20世纪的美国对烟花的管制非常严格，无论是成人还是孩子，只要违反了法律条令就会受到严重的处罚。在1922年美国独立日前夕，一个11岁的男孩搞到了一些烟花，其中包括一种威力巨大的鞭炮——"鱼雷"。一天下午，他走到一座桥边，对着桥边的砖墙放了一个大"鱼雷"。一声巨响让男孩神采飞扬，可就在这时警察来了，把男孩带去了警察局。尽管警长认识男孩以及男孩的父亲，但还是严肃地执行法律规定，判定必须要缴纳30美元罚金。当时这可是一大笔钱。这个男孩自然缴不起，只好由父亲代缴。让人感慨的是，这位名叫杰克的父亲在代缴罚金后，却让12岁的儿子打工挣钱还钱给他。这个小男孩就是后来的美国第40任总统 -- 里根，他写道："我做了许多零工才还清了我欠父亲的那笔罚金。"显然，这件事情让里根懂得了什么是责任，那就是一个人要对自己的过失负责。

惩罚唤醒男孩心中沉睡的责任心

适当的惩罚是一门艺术，能够唤醒男孩心中沉睡的责任心。没有惩罚的教育可谓是不完整的教育，惩罚不是体罚，而是惩戒教育。惩罚的核心是让男孩学会对自己的过失负责任。越是要惩罚孩子，就越要尊重孩子。

激发男孩的责任心

如果父母已经习惯于包办一切，男孩就会拒绝长大。所以父母要先学会拒绝"保姆"的角色，以男子汉的标准要求男孩。家庭生活的责任需要一家人共同承担，男孩必须对自己的那部分负责。采用民主的教养方式，让男孩认识到自己是家庭的一分子，更容易激发其责任心。

父母为表率，从小培养男孩的责任心

父母是男孩的第一任老师，也是终生连任的老师，生活中，孩子每天都以其特有的敏锐眼光观察着父母的一举一动、一言一行，他们学习着、模仿着，往往在父母还没有觉察的时候，父母的言行举止已经给男孩留下了深刻的印象。有句俗话说"上梁不正下梁歪"。想从小培养男孩的责任心，那么"上梁必须正"，父母必须以身作则，无论处理什么事情，都要负责，圆满、认真地完成，做孩子的榜样和表率。

对男孩"好心办坏事"这一行为要表示认可

法国作家罗曼·罗兰说："人有时候应当做点错事，做错了事，就能长见识。"可是，有些父亲知道自己的男孩做错事后只会一味地生气，除了让男孩写检讨书，还时不时地"翻旧账"数落男孩。

其实男孩犯错的时候，正是教育男孩的绝好机会。父母要包容孩子的错误，给他们成长的空间，而不是一味指责。在男孩犯错后加强教育，以引起男孩的重视，而不是空洞说教、讲大道理，引起男孩的反感。

当男孩主动承认错误时，父母要肯定男孩的行为

如果男孩在犯错之后有勇气向父母承认错误，父母千万不要只顾责骂，而应该肯定男孩诚实的行为，否则男孩会想：我主动承认错误你们还批评我，下次我不会再告诉你们真相了。于是，男孩慢慢就学会了撒谎。所以，父母一定要给予男孩鼓励和肯定，然后指出其错误带来的危害，让男孩在鼓励中改正他的错误。

乔治·华盛顿，美国历史上最受人尊敬的总统之一，小的时候就非常聪明，喜好问"为什么"，表现出了强烈的好奇心。他的父亲非常喜欢花草树木，是个大种植园主。一次，父亲好不容易从别的地方买来几株稀有的樱桃树，他耐心且细心地为樱桃树松土、浇水，

使樱桃树长得又快又好。一天，华盛顿走进了花园，望着枝繁叶茂的樱桃树，脑子里忽然冒出了一个想法：樱桃树长得这么好，是不是里面藏有"宝贝"？他急切地想找到答案，拿了一把斧头把樱桃树砍断了，但很遗憾，他什么也没有发现。看着被自己亲手砍断的樱桃树，他内心开始有些害怕。父亲回家后，像往常一样去看他心爱的樱桃树。当父亲看到倒在地上的樱桃树时，非常恼怒，问道："这是谁干的？"华盛顿虽然很害怕，但还是对父亲说出了实话："父亲，樱桃树是我砍的，我很抱歉。"望着诚实的儿子，父亲虽然生气，但他还是对全家人说："我们都应该向华盛顿学习，学习他这种诚实和勇于认错的精神！"

引导男孩走出犯错之后的痛苦

孩子犯错了，他自己也会感到难过，如果这时候一味批评男孩，而不去安慰他，男孩会更加难过，打骂男孩后果就更糟糕了，下次男孩犯错了，可能就会隐瞒事实。因此，"当男孩犯错了，父母应该带着男孩从犯过失的痛苦中走出来，不要老盯着男孩的过错不放，父母应该去赞扬孩子们尝试活动的勇气和努力。"美国宾夕法尼亚大学？心理学家莱顿说："讲述你自己曾经犯过的过错，并且承认这些所犯过失，向男孩们解释为什么会犯这个过失，告诉男孩，你将会用怎样的办法和方法来去避免重犯。"

对男孩"好心办坏事"这一行为要表示认可

有的时候，男孩想要给大人帮忙，却做得一团糟，这种情况下，父母千万不要指责男孩，因为这样只会打击男孩劳动的积极性，使其以后不想再帮助大人干活，应该鼓励男孩"这次做得非常好"或者"不要泄气，再努力一下你就会成功了"。男孩犯错之后，父母不应该埋怨男孩，更不要数落和奚落他，轻松地安慰下男孩，给男孩提供一些改正错误的建议，帮助男孩从犯错的失落中走出来。

培养男孩的家庭责任感

要让男孩懂得，父母抚养他们长大，孝敬父母是他们应尽的义务和责任，家庭的希望寄托在孩子身上，家庭的幸福也需要孩子贡献一份力量。

很多父母对孩子百般溺爱，不忍心让孩子做任何事，长此下去，孩子很难学会用自己的肩膀承担责任。对于孩子，特别是男孩子，父母要尽可能地加以"重用"，要敢于把重担放在男孩的肩上。

不要庇护你的男孩，要相信他们做事的能力

要想把男孩培养成富有责任感的强者，我们做父母的尤其是做母亲的不妨表现得"弱"一些，给男孩提供显示本事的机会，不要太庇护、娇惯他们。如果父母表现得过于能干，过于强势，男孩从小没有机会施展本领，自然就会变得软弱；相反，如果父母表现得"弱"一些，孩子就会意识到自己的责任重大，变得坚强起来。父母不妨多激励男孩："咱们家全靠你了！"以唤起男孩的责任感。

有一位官员家的男孩，已经是初中生了，在家里养尊处优，对什么事都不关心，因此母亲很伤心。后来这位官员被派到外地当市长，远赴外地上任的前一天，官员把儿子叫到自己的面前，郑重地说："你的妈妈 -- 也就是我的妻子 -- 身体不好，我走后就全靠你

来照顾了！每天晚上睡觉前请记住关好窗，关好门，关好煤气……拜托了！"父亲的"拜托"让男孩突然有了一种责任感，男孩郑重地点了点头。几个月后，父亲从外地回来，妻子激动地告诉丈夫说："你走后，儿子好像突然懂事了，长大了，他尽职尽责，对我十分关心，每天都按时关好煤气，关好门窗……"男孩为什么变了？因为男孩得到了信任。信任能使人产生强烈的责任感。

家庭的重大决策，要让男孩参与

有的父母不明白孩子为什么会那么冷漠、自私，一点都不关心别人，其实，这有可能是家庭氛围所致。比如父母管得太多，除了学习，其他什么事都不让男孩做，这实际上是对男孩的不信任。家庭应该是和睦团结的，家庭的重大决策要让孩子参与；家务劳动也要让男孩分担；家庭的经济状况尽量要让男孩知道；家里有什么重要的活动，要让男孩参与组织。譬如，可以让男孩观察父母给爷爷奶奶过生日的过程，然后让男孩来操办爷爷奶奶的生日，以此来培养男孩对家庭的责任感。

适当给男孩分配一些任务

如果男孩在家里什么活也不干，不承担任何责任，就不会对这个家庭表示关心，更学不会关心家人。久而久之，男孩就可能变得冷漠自私，好像他不是这个家的一分子，而是"局外人"，到那时父母再埋怨往往为时已晚。所以，在家里父母要适当分配给男孩一定的工作，如拖地、洗碗、倒垃圾、扫地、擦玻璃、收拾房间等，可以让男孩自己选择一两样去干，这些生活实践不仅有利于提高男孩的自理能力，也能唤起男孩的责任感。

给男孩一个"位置"，让男孩认识到自己是家里的一分子

有些父母常这样说："去去去，这事跟你没有关系，到你屋里写作业去，大人正商量家里的事情呢。"然后把孩子给忽略了，久而久之，男孩就没有参与家庭事务的意识，认为这些与自己没关系。其实父母商量事情，男孩也应该知道，因为他也是家里的一分子。比如父母在商量买房子，几个卧室的，多大面积的，都可以让男孩参与讨论，让他发表自己的意见。不在于男孩的意见有多大价值，而在于父母要给男孩一个"位置"，给他一个角色，让男孩觉得"我也是家里的一分子，家里的事我也要表态，我也应该参与"。如此才能培养男孩的家庭意识。

将责任与权利一同交给男孩

　　真正的绅士必定是一位有责任感的人，有责任感的男孩会竭尽所能承担起自己的责任，即使没有能力完成，也尽量不去影响他人。

　　责任感有两层含义：第一层含义是一个人要知道尊重自我的理想和感情，管理自己的情绪，对自己负责；第二层含义是对社会负责，不推卸责任，顾及他人需要。因此有责任感的人更加容易获得别人的认同、信任和支持，也更容易对群体有所贡献。

从小抓起，培养男孩的责任感

　　男孩还小时就要培养他生活自理的能力，在他慢慢长大的同时，要学着承担家庭和社会的责任。父母可以根据孩子的年龄及能力，给男孩布置一些简单的任务，随着孩子年龄的增长，相应地增大赋予他们的责任。例如上幼儿园的男孩要学会自己吃饭、自己穿衣服；七八岁的男孩要学会自己收拾房间，自己叠被子，帮助父母做家务等。不论是什么样的任务，父母都应该用男孩能理解的方式向男孩讲明，使他意识到自己在家庭中也是有相应责任的，然后努力将事情做好。

父母要有培养男孩责任感的意识

做事是培养责任感最好的方法，有些事情虽然父母可以做，也要让男孩自己做。比如让大一些的男孩去给奶奶送东西，告诉男孩，这一周爸爸妈妈特别忙，你去替爸爸妈妈买些礼物给奶奶送去；让男孩了解一些父母的难处和忧虑，提出一些问题，引导男孩独立思考和选择，让他大胆地发表自己的观点和见解，要让孩子感到家庭的美满和幸福。简而言之，只有父母给孩子承担责任的机会，孩子才能有承担责任的意识。

父母要尊重男孩的选择

只有父母尊重孩子的选择，孩子才会为自己的决定负责。培养孩子的责任心，首先就要给予孩子充分的信任，父母要相信孩子有管理自己的能力，能够管理好自己。当父母放手让其做一些自己力所能及的事情时，男孩的独立精神和自主意识就会大大增强，而在成功的体验中孩子会获得更多的自信，从而更加大胆地去尝试和承担某些事情。这种良性的循环，有助于培养男孩子良好的独立行事能力与心理素质，有助于责任心的发展和形成。

放权是一种具体的信任和爱

英国教育家斯宾塞曾说："当孩子感到被信任、被爱，奇迹不久就会出现在你的眼前。"如果父母对男孩放权，男孩就会对父母表示感激，并全力以赴去为自己的选择而努力，为父母的信任而负责。男孩的责任感会在信任中被唤醒。培养男孩的责任感，要告诉男孩，自己是主宰自己命运的主人，命运由自己来做主，你的未来由你自己设计。你今天所做的一切事情都是为你的明天而做准备，自己一定要对自己负责，不要老是惦记着家庭的资产、父母的社会关系等可利用的资源，不要依赖父母，自己要对自己的每一个选择负责任。父母不要包办代替男孩去选择。

不要扼杀男孩的责任感

　　不要害怕男孩调皮捣蛋，男孩淘气是难免的，不要给男孩定太多的规矩。父母带男孩出去玩，他总会喜欢做一些危险动作，比如从高处往下跳、快速奔跑等。父母总是担心男孩的安全，想办法约束男孩的行动。

　　在管教过严的家庭环境下长大的男孩，往往性格懦弱、遇事慌张、没有主见，他们只知道被动地去生活，失去了自己的想象力和创造力。父母成了鸟笼，而男孩成了笼子里的鸟儿。其实，父母应该时时刻刻清楚地意识到，我们的小男孩本是远古时期的小猎人，需要更广阔的自由和空间，探索、攀爬等运动促使他们的大脑健康发育，爸爸妈妈们不要束缚他们。父母需要做的，是在不干涉男孩的前提下尽量保护他的安全，给予其适当的鼓励和支持，让他们打破常规，去创造，去探索。

男孩要"穷养"，不要让其生活在"温室"里

　　一个重要的教育观念是"穷养儿，富养女"，要把男孩培养成性格坚强的男子汉，就要"穷养"，不要让他生活在"温室"里。这里所说的"穷养"男孩，并非是要男孩忆苦思甜，吃糠咽菜，让男孩承受不必要的痛苦和折磨，而是让父母减少对男孩的包办代替、娇生惯养，让男孩从小多一些锻炼，培养他们顽强、坚韧的性格。作为父母一定要清楚，

现在让男孩吃点"苦头"，男孩长大以后才可能成为优秀的人，才能成为真正的男子汉！

让男孩过点"苦日子"

葬送孩子未来幸福的第一杀手，是给男孩大量的金钱和优裕的物质生活。父母们可以给孩子们创造良好的学习环境、生活条件，但绝不能给他们太过奢华的物质享受。将钱存起来，等孩子长大，有了正确的金钱观念后再给他们也不迟。含在嘴里怕化，捧在手里怕摔的爱子观念，会使男孩意志不坚强，心理承受力差，稍遇挫折或不顺心就容易走极端。作为父母必须让儿子遭遇挫折，让男孩体会挫折感，鼓励其克服并战胜它。

"万事包办""衣来伸手，饭来张口"是教育孩子的大忌。很多大学生不会洗衣、不会叠被子、不会做饭，简直是不可思议的事情。这样的男孩能接受社会的各种挑战吗？所以，父母要从孩子的童年时期起，教会其独立承担力所能及的事情。

让男孩对自己行为的后果负责

父母应该抓住生活中的点滴小事，来培养男孩的责任感。无论事情的结果是好是坏，只要是孩子独立行事的结果，就应该鼓励并引导男孩勇于承担、敢作敢当，而不宜由父母代替男孩承担后果，以免淡漠男孩的责任感，给男孩提供逃避责任的机会。

让男孩从小就学会做一个言而有信的人，自己许下的诺言，就应该尽心尽力地去履行；自己答应了别人的事情，也必须认真对待，即使自己不情愿做。因为这既是对他人负责，也是对自己负责。

父母的信任能促进男孩的责任感

当孩子主动、自觉地做到一些事时，爸爸妈妈不要忘记及时给予鼓励和表扬。要尊重孩子的意愿，允许孩子实施自己的参与权和知情权，这样才能让男孩感觉到他在家庭中的重要性，从而建立起对家庭的责任感，培养他的大局观和主人翁意识。

男孩自己的事情要让他自己做，父母还应该让男孩明白，一个人只做好自己的事情是远远不够的，因为人类具有团体性和社会性。在家里，男孩是家庭的一员；在学校，男孩又是班集体的一员，有责任协助家庭做一些家务事，或者协助同学或老师做一些班集体的事，在力所能及的情况下对集体和家庭尽到自己的一份责任。只有这样，男孩将来才能更好地为社会尽责。

在劳动中培养男孩的责任感

男孩的责任感应该从劳动中养成，一个习惯了做"甩手掌柜"的人是不会有多少责任感的。因此，要培养男孩的责任感，父母必须要注意培养男孩自己的事情自己做得好习惯，绝不能处处替孩子承担责任、事事包办。在家中哪些事情该父母做，哪些事情该男孩自己做，又有哪些事情可在父母的帮助和指导下完成，父母应把这些问题给男孩讲明白。对应当由男孩自己做的事情，父母要给其划定一个明确的范围，并根据男孩的不同年龄制定不同的难度和目标范围。

两岁的小力是个非常勤快的孩子，他认为所有别人能做的事他都可以胜任。他经常抢着自己开门、按电梯、穿衣服等，如果你去帮他，他还会发脾气。于是每当妈妈在干家务的时候，她都会同样给小力一件小工具，让他也一起来做。比如妈妈拿个大拖把，就给小力拿个小拖把，妈妈拿个抹布，就给小力拿个灰尘刷子。一些他已经可以做好的事情，妈妈干脆直接分配给他去完成，比如：每天晚上擦凉席的活，妈妈就交给了小力去做。最多在他做完后妈妈再偷偷去重擦一遍。每当小力做完一件事情时，都会得到妈妈一句热情的赞美。于是小力的劳动积极性一直都很高涨，而且变得越来越有责任感，越来越有主见。

大胆放手，让男孩自己的事情自己做

如果父母总是认为"男孩还太小，还不能做家务"，什么事都抢着做，会让男孩形成根深蒂固的观念，认为这些全都是父母该为我做的事。要避免这类后果，妈妈就必须让男孩从小学会尝试做各种事。从幼年时期开始，便应该让男孩自己处理一些力所能及的事情，当男孩对这些"难题"都习以为常后，妈妈会发现孩子懂事了、长大了，父母的唠叨也会减少许多。妈妈可以让男孩尝试做这些事：

早上起床，自己刷牙、洗脸；

饭前、便后让男孩自己洗手；

自己穿衣服、脱衣服、穿鞋子、系鞋带；

玩过玩具后，要男孩自己把玩具收拾到玩具箱中；

让男孩自己吃饭；

让男孩自己将换下的脏衣服放入洗衣篮；

当男孩主动、自觉地做到这些事时，父母不要忘记及时给予鼓励和表扬。

让男孩品尝一下苦果

男孩好奇心很强，这是天生的，什么都想去试试，随意性也很强，经常做事有头无尾或虎头蛇尾，父母不妨让男孩品尝一下苦果。可以交给男孩办一些不太容易的事情，如让孩子帮助父母记账等。父母要督促、检查，对结果提出指导和评价，以便培养男孩认真负责、持之以恒的好习惯。

责任感比能力更重要

男孩的责任感比能力更重要。孩子的能力可以培养，但责任感却不容易形成。而强烈的责任感会促使男孩进步、前进、创新。

没有孩子会永远不犯错误，犯了错误其实也并不可怕，可怕的是犯了错误后不去承认错误，也拒绝改正错误。父母作为男孩的第一任老师，帮助男孩认识并改正错误是义不容辞的责任。通过激发孩子内心的责任感，让他们主动承认自己的过错，并想办法弥补自己的过错，是教育男孩认识过错的最好办法。

培养男孩的奉献精神

责任点燃热情，全力以赴心中的梦，让自己具有一种强烈的责任感，拥有坚守责任的力量。责任胜于能力，责任本身也是一种能力，履行职责才能让能力发挥最大价值。

"人生的目的是服务于别人，是表现出助人的意愿与激情。"曾被派往非洲的医生及传教士阿尔伯特·施惠泽这样说。他意识到一个心态积极的人所能做的最大贡献就是给予别人。前任通用面粉公司董事长哈里·布利斯也曾经这样忠告属下的推销员："忘掉你的推销任务，一心想着你能给他人带来什么服务。"他发现人们一旦思想集中于服务他人，就马上变得更有力量，更有冲劲，更加无法拒绝。说到底，谁都不会抗拒一个尽心尽力帮助自己解决问题的人。哈里·布利斯说："我告诉我们可爱的推销员，如果他们每天早晨开始干活时能够这样想：我今天要帮助尽可能多的人，而不是我今天要尽量推销出去多少货，就能找到一个跟买家打交道的更开放、更容易的方法，推销的成绩就会更好。"谁能尽力帮助他人活得更愉快更潇洒，谁就实现了推销术的最高境界。

关心和爱护的原则

当父母发现孩子有过失时，要本着关心和爱护男孩的原则，采取耐心、细致的方法，冷静地听听他们的想法，帮助孩子找出错误的根源，再督促孩子改正错误。而粗暴、急躁地对待孩子，甚至进行体罚、打骂等，只会让男孩的责任心和诚实毁于责骂，适得其反。为成长负责，为错误负责：在男孩的错误中发现教育的契机，父母应该学会把男孩的一些失误转变成教育资源。

不要当众揭发批评男孩

中国有句古话，叫作"当众不责"，意思是就算孩子做错了，也要注意保护孩子的自尊心，不要在大庭广众之下大声呵斥。当男孩受到家人的尊重时，一般都会比较诚实。而父母过分严格的管教，会让男孩对父母有较多的恐惧感，犯了错误通常也不敢说出来，会为了逃避责骂而说谎。因此，当父母发现男孩犯错时，父母要给男孩一次改正的机会，千万不要当众揭发和批评他。同时，要向男孩阐明欺骗和说谎的危害性，警告孩子下不为例。孩子犯错必然出现惧怕情绪，此时父母应该以宽容的心对待孩子，以免造成孩子更大的心理负担，因害怕受到处罚而推诿责任，变成一个毫无责任心的人。

告诉男孩：凡事要学会自己做主

　　想要让孩子有责任心，首先要让他获得健全的人格，在男孩力所能及的情况下，尽量让他自己做出选择。责任永远是男人肩头的"徽章"。敢于担当，不推卸责任，才让男人更有魅力。所以，父母要选择正确的方法对男孩进行充分的责任心教育。

　　男孩的责任心必定受到家庭环境的影响，因为家庭是男孩的第一所学校，而父母是男孩的第一任老师，父母无时无刻不在影响着他们的成长。

培养男孩的自主意识

　　人自婴儿时期起就有自主意识，但仅限于吃喝拉撒等本能，要拥有健全的自我意识，依靠的是后天良好的教育。男孩并不是天生就懂得如何进行选择的，需要父母在日常生活中进行教育和培养。父母可以给男孩经常制造一些机会让他们去选择，比如暑假到哪儿去玩，选择哪一门兴趣课，这样就会让孩子渐渐形成自己做主的意识。父母的目标就是把男孩从反复无常、不成熟的少年培养成诚实可靠而有责任心的男子汉，他们重视家庭、尊重父母、信守承诺，是优秀的劳动者、果断有力的领袖，保持着健康积极向上的男性气质。

让男孩在体验中成长

男孩是探险家，需要经历很多事情才会成熟，父母不要剥夺男孩获得体验的机会，男孩只有在体验中才能茁壮成长。当男孩面对某些难以解决的问题时，父母不要给男孩提出太多的建议，而是先让男孩自己找办法去解决、去体验、去比较，在他们自己想的几种办法中确定自己的选择。当然，男孩在自主选择时，因为生活经验和社会知识不足，难免会出现一些失误和偏差，这时候切忌"因噎废食"，就此剥夺他们选择的权利。

重视对男孩自制能力的培养

和大人不一样，小孩子往往没有坚定的意志力，他们做事往往凭的是兴趣，失去兴趣的话就会半途而废，针对这个情况，就应该培养男孩的自制力。自制力就是要求男孩能够支配自己的意志、控制自己的行动，该做的做完，不该做的不要碰。它表现为既能善于控制自己的行为，又能善于促使自己去完成各项任务。可以根据男孩的以上特点，从男孩的生活习惯方面入手，先提出一些小的要求，让其通过小小的努力就能完成任务，渐渐提出更多的要求，久而久之，男孩就能逐步学会约束、控制自己的行为，完整地做好每一件事情。

父母可以十分严肃地把一些任务交给他，比如替父母去取牛奶，给家里的小动物喂食等。男孩觉得自己身上有了一定的责任，也就增加了克服种种困难的信心和勇气，通过自己的努力把事情做好，就会逐渐养成做事有始有终的习惯。

针对男孩的坏习惯，父母应该严格要求。不严格要求就不能矫正；好的行为也是，如果不严格要求就难以形成、巩固。有的父母兴之所至，要求男孩完成某件事情，起初能坚持督促男孩去做，当男孩不愿意再做的时候又轻率地迁就他，这些做法都是不可取的。

不要在男孩的耳边唠叨个没完

如果男孩做事，中途退缩，不想完成，父母切忌张口就骂，动手就打，或者唠叨个没完，更不要挖苦、讽刺，这样做很容易使男孩产生逆反心理，以至于伤害男孩的自尊心。而应当细心观察，对于男孩所遇到的困难及时给予帮助，对于男孩的点滴进步及时予以鼓励，使他们产生自信心和愉悦感，从而使男孩树立起坚持完成任务的决心。

Part 05
第五章

理财意识，高财商的男孩将来最出息

理财能力非常重要。在当今这个全民理财的年代没有人会否认这一点。"男孩爱攀比，大手大脚花钱，正是因为家庭教育中缺少财商教育，而不是因为过早接触金钱。"专家表示，男孩的价值观正在形成中，如果不能以正确的理财观念对其加以引导的话，孩子在生活中看到一些不好的行为就很容易模仿。而财商教育就是纠正男孩这种不良的金钱观念，帮助男孩树立正确的金钱观。

让男孩知道金钱是辛苦赚来的

刚学会走路的时候，男孩就会要这要那，看见好吃的、好玩的就迈不动步子，小手举得高高的。这个时候他还不知道金钱到底是什么，只知道可以用它来买很多好东西，认为金钱是从父母口袋里冒出来的，父母应该利用这些机会让他明白家里的金钱是有限的。

父母给男孩上的第一堂经济课，就是应当告诉男孩钱是怎么来的。如果父母只是一味地满足孩子的要求，不对其进行必要的金钱教育。长此以往，父母就会成为孩子眼中的无限提款机。他们甚至会对父母说："没钱，就去银行取啊！"在他们看来，只要自己需要，父母就会像变戏法一样拿出钱来。这类男孩长大后，不仅会严重缺乏感恩的心态，而且没有赚钱的能力，不知回报，只知道一味向父母索取。

带领男孩一同去"消费"

在没有受到大人对他的教育的影响的时候，每个孩子的心灵都像一张白纸，单纯而懵懂，必须加以正确引导。最有效的方法就是带领男孩一同去"消费"！

明明要上幼儿园了，为了培养他的理财意识，父母决定带他一起去交学费。在路上，明明就像很多小朋友一样歪着脑袋向父母问道："为什么要交这么多钱给幼儿园呢？"父母就顺着问题，给男孩讲交的学费首先要给老师支付工资，老师每天很辛苦，幼儿园要给老师发报酬的。其次，用于买饮料、水果，用于买学习用品、玩具，还用于给小朋友修建玩耍场所。父母又跟他讲，这些钱是爸爸妈妈辛苦工作得来的，跟幼儿园的老师一样，只有通过工作才能获取金钱。虽然只是在去往幼儿园路上的简单对话，却让孩子明白了两个重要的问题：

1. 为什么交钱才能上幼儿园；
2. 钱是需要付出劳动才能得到的，并不是凭空得来的。

让男孩明白父母工作的辛苦

父母可能每天都会对自己的男孩说："儿子，爸爸妈妈上班去了。"然后，每每到了月末，父母也都会拿回不少的工资。男孩尚且还不能明白"工资"究竟是一个什么样的概念。他们对工资最直接的感受就是，工资是个好东西。这些工资能满足自己的需要，能为自己购买喜欢的东西。久而久之，男孩会将目光只是聚焦在金钱上，忽略了父母在工作中的辛苦劳动。所以，不管男孩的年龄有多大，父母一定要常常带男孩去自己工作的地方看看，让男孩明白，父母挣钱是需要付出很多辛苦的，不是平白无故就能得来的。

让男孩真切体会金钱的来之不易

男孩只有真切地感受到了父母工作的辛苦，才可能会明白父母工资的来之不易，才会明白地知道金钱是从哪里而来。正如一位哲人所说："要让你的男孩知道，你拥有了现在的幸福生活，是付出过代价的。"值得特别提醒的是，即便是金钱无忧的一些父母，在生活中也应当施行这一教育方法。要知道，即使父母能让男孩永远不会有缺少金钱的烦恼，也不可能照顾男孩一辈子，最终，男孩是要自立家业的，那时候金钱不是唯一能帮他的，再多的金钱都不能给予男孩一颗感恩的心！

"拿下"男孩压岁钱，让男孩心服口服

给压岁钱是中国的传统风俗，也叫压胜钱，以往长辈送的压岁钱数额都很小，只是一种象征，随着生活水平的不断提高，长辈在送压岁钱的时候也越来越大方，上千元的红包已非常普遍，储蓄罐已经不能满足当代孩子理财的需求。现在不少孩子虽然拥有自己的银行账户，但账户一般由父母保管，孩子并没有真正利用账户来管理自己"财务"的权力。

"授之以鱼，不若授之以渔"，因为受到多元文化的冲击，中国男孩的价值观正在逐渐改变。大多数家庭能给予男孩不错的经济环境，却不知不觉中造就了许多"月光族"。若男孩能了解基本的理财常识，形成良好的理财习惯，并从小树立正确的金钱观念，将有助于男孩发掘理财乐趣，为将来成功理财打好基础。

领男孩去银行开设独立账户

在过年的这段时期，父母可以领男孩去银行开设一个独立账户，让男孩定期存钱，告诉男孩利息的概念，将银行储蓄的种类、利率等知识逐渐传授给孩子，这种体验式的教育能让男孩对理财印象更深刻。通过为男孩开设一个独立的银行账户，可让男孩逐渐学会看懂存折，通过这个账户明白银行的功能，也有助于增强男孩对"自己账户"的责任感。同时，定期让男孩看到自己储蓄账户的金额，能让男孩体验到"积少成多"的乐趣，并养成好的消费、储蓄习惯。

用压岁钱做本金教男孩学会简单投资

父母在指导男孩开立银行账户的时候，可以向男孩灌输利息、收益、利率等基本的理财概念。当然，父母还可以进一步引导男孩进行存款以外的投资活动。除了基金，父母还可以指导男孩利用压岁钱进行一些低风险的投资，如国债、保险等。在培养男孩理财习惯的同时，还能让男孩了解各种理财品种，较早树立理财意识。

现代社会的年轻家长对男孩储蓄的意识培养较早，有的在孩子上小学一年级的时候就已经为男孩设立了活期账户。河北承德的一位母亲经过估算，认为儿子的存款应该在一万六千元以上，等到孩子上初中的时候，银行账户已经完全交由男孩自己打理了。后来，母亲鼓励男孩将自己的存款转换为基金，以取得更高的收益。在这位母亲的指导下，男孩建立了自己的基金账户，并且购买了一万元的货币基金，到年末时收益有 4% 左右，母亲给男孩说明了收益，男孩更加愿意去理财，将以后多半的零花钱都存入其中。

引导男孩制订合理的消费计划

在很多父母的观念里，压岁钱应该用于满足男孩的合理消费要求，如购买学习、生活用品，以及适当的游戏花销等。支持合理消费的同时，父母还应该要求男孩制订消费计划。最好能够建立一个简单的收支账本，使男孩能够理性地管理自己的钱财。当男孩想买自己心仪已久的一些贵重物品时，父母可以建议男孩，把零花钱储存起来买。这样，男孩就会学会合理保管钱，为了实现自己的某项目标，尽量让钱保值增值。

花钱有讲究，给男孩制定零花钱规则

　　培养男孩正确的金钱观念。现在社会比以前富裕多了，有的父母大把大把给男孩零用钱，适当地给零用钱不是坏事，但大把大把地给就不是什么好事，那么，究竟父母该如何做呢？

　　首先，让男孩拥有正确的"金钱观"，告诉男孩金钱是父母辛苦赚来的，要把钱花在有用的地方，很有必要从价值方面来给男孩讲一些道理。当男孩七八岁时就已经有了数字的概念，父母可以考虑酌量给予零用钱。譬如男孩用零用钱买东西，可以从中让男孩了解该物品的价值，下次再买同类东西时，男孩就知道如何更有效地花钱，进而培养正确的消费观念，这些经验可以让男孩学会有计划地用钱。

给男孩零花钱有讲究

　　给孩子零花钱是教孩子学习理财的第一步，父母也需要了解给男孩多少零花钱合适，以及什么时候开始给男孩零花钱。男孩到了一定年龄都应该享受拥有零花钱的权利，当男孩知道怎么花零花钱的时候，男孩成为未来理财专家的第一步也就开始了。哲学家培根曾经说："如果孩子小的时候在金钱上过分吝啬于他，他在性格上将会变得猥琐。"的确，男孩小的时候不学会如何使用钱，成年后其财商就会非常低下，难以适应经济社会的发展。

为了让男孩尽早地学会正确认识钱和使用钱，生活中适量给男孩一些零花钱是应该的。

若是已经花光光，坚持"不再给"的原则

让男孩拥有保管和支配零用钱的权利和责任，有助于男孩学习如何理财。但不少父母会发现：本月还没有结束，男孩的零用钱已经花光光。因此，必须做到适当的限制，坚持"不再给"的原则，即花完之后本月便不再给零花钱。如此培养男孩想获得一件物品时所需要的耐性，才能使男孩学会如何有计划地用钱。家长可制定一套"奖赏办法"，让男孩帮忙跑跑腿、做家务，或行为表现良好等，才能得到某种程度的奖赏，使男孩明白有付出才有收获，想获得钱应通过正当的渠道，可以让男孩体会到生活上经济的基本来源和劳动的代价。另一方面，这也可以间接教导男孩"无功不受禄"。

与同年、同城、同校、同年级学生零花钱相一致

父母最好定期给男孩发放零花钱，不能随要随给。给男孩多少零花钱不是无关紧要的问题，要使男孩有理财的观念和意识，过多的零花钱或是多次数地给零花钱只会淡漠孩子的理财意识。这样做男孩会认为父母有钱，自己不需要理财，那么，到底每月给男孩多少零花钱呢？不宜过多，父母可以与男孩协商，协商时最好从以下方面入手：了解同年、同城、同校、同年级学生零花钱大体在什么水平。男孩的零花钱数额不要过少或过多，维持在同年级孩子的平均水平就行。了解男孩有哪些正当的消费项目，并适当给予消费指导。在男孩不同的年龄段，父母应给予不同标准的零花钱。根据男孩的年龄可每两年为男孩涨一次"工资"。若遇物价上涨，父母也可主动为男孩涨"工资"。

让男孩养成储蓄和投资的习惯

  著名的成功学大师拿破仑·希尔说，存钱是成功的基本条件之一。但是对那些未曾存钱者来说，"怎样才能存钱"才是一个迫切需要解决的问题。

  任何行为在重复做过几次之后，就可能变成一种习惯，存钱也是一种习惯问题。而人的意志也只不过是从人们的日常习惯中成长出来的一种推动力量，人类通过习惯塑造了自己的个性。

父母到银行存钱时，可以带男孩一同去

  如果让男孩花钱之前就能想一想，过完这一周，手里的钱还够不够用，要男孩学会细心盘算，就可以让男孩逐渐养成储蓄的习惯。培养储蓄观念主要是为了避免男孩有过度消费的行为，让男孩知道买东西时要量力而行。为男孩开设独立的银行账户。当父母到银行存钱，或是到银行办理开户时，不妨把男孩带上，让男孩慢慢学会存款、开户以及提款的流程，并且和男孩一起了解银行定期寄来的定期定额投资报表、对账单等，这样男孩可以亲身感受"复利"的效果。

定期定额投资让积蓄变得更多

父母可帮助男孩在储蓄中拿出部分资金用作定额投资，原因有两个：定额投资一般期限较长，门槛低，最少 100 元起，同时定期让男孩了解其投资原理，查看资金流动的状况，一起查看账单。在众多理财工具中，定期定额较为适合作为男孩进入理财世界的敲门砖。

可以给男孩买个存钱罐，以此培养他的金钱观。第一步，和男孩一起挑存钱罐。孩子都喜欢漂亮的玩具，父母可以带男孩一起去选择他们喜欢的存钱罐。第二步，和男孩一起存钱。与男孩一起收集家中的零散纸币和硬币放入存钱罐，教育男孩进一步把自己的压岁钱、零用钱存起来。父母可以定期带男孩去银行将零散的硬币换成纸币，让男孩知道零散的小钱也可以积少成多；还可以和男孩一起收集硬币，让男孩体会收集的快乐。第三步，父母可以定期和男孩一起清点存钱罐。男孩刚开始并不知道储蓄能为他们带来什么，让男孩见识储蓄的神奇力量，了解储蓄的结果，更容易养成储蓄的好习惯。男孩每天将 1 元零花钱存入储蓄罐，一年下来至少是 365 元，这笔钱足以实现男孩的一个愿望。男孩从小就懂得积少成多的道理，将来也会通过一点点努力积累，实现更大的理想和梦想。

借钱给男孩并签订贷款合同

在现今社会中，理财观念逐渐深入人心，人们对理财细节、理财方式关注的热情逐步提高。但"智者千虑，必有一失"，理财过程中难免出现疏忽与误区。

如果条件允许，父母可以给男孩创设体验的机会，让男孩亲身体验赚钱的过程。例如，鼓励男孩拿出自己的一部分压岁钱作为投资，购买基金或者股票，让男孩懂得如何使钱增值；也可以和男孩一起去批发某种商品出售，使男孩在经营中学习赚钱的技能，并养成积极向上的理财心理。一个具有理财能力的人至少需要具备三方面的能力：会存钱、会赚钱、会花钱。针对初中生或者小学生，父母在家庭教育中就可以从这几方面入手，以培养男孩的理财素质。

父母和孩子签订借贷合同

在中国，父母教育男孩存钱；在国外，不少父母更乐意让男孩学会透支。当男孩喜欢某样东西却无力购买时，国外的父母会先借钱给男孩，并和男孩签订贷款合同，并且制订分期还款的计划。男孩可以通过做家务、打工或存零用钱等形式，一点点将父母的贷款还清。不少父母认为，让男孩为透支还款，可以锻炼男孩的理财能力。而严格执行贷款合同，则又是对男孩信用的锻炼。当然，要达到这两个目的，先决条件就是父母不能因为心软而自己先违约。

定时给零花钱：父母根据家庭情况每周或者每月给男孩分发零花钱。有周期、有规律地给男孩零花钱，有助于男孩有计划地安排自己的消费，帮助男孩建立比较稳定的心理预期。

定量给零花钱：根据男孩的消费情况和年龄特点，每周、每月给男孩固定数目的零花钱。同时要另加20%以供男孩做储蓄之用。

让男孩学会做记录和预算

教会男孩编制预算表：父母可以先做个示范，让男孩根据实际需求预算一周或者一个月的消费。然后定期检查男孩的预算表，每次给男孩零花钱时都应要求做好预算。

给男孩准备记录的小账本：每周或者每月都花费在什么项目上，如何使用的零花钱，都应要求男孩做出详细记录。在下一次给男孩零花钱时，要先检查男孩上个周期的花费，看看哪些地方需要改进，哪些是合理的，要和男孩共同讨论，经常督促检查。

让利息 "看得见摸得着"

有条件的话，最好给男孩单独设立一个银行账户。在设立了账户之后，带男孩到银行熟悉各种业务，尤其是取款和存款业务。鼓励男孩将压岁钱等及时存入。刚开始存款时，可以建议男孩存三个月或者半年，不要存太久，以免男孩等得不耐烦。到期后父母可以和男孩一起去银行取款，把利息取出，让男孩知道储蓄原来可以获得"看得见摸得着"的利息。可以将取出的利息再次存进账户，或买男孩喜欢的东西。另外，可以给男孩安排一个劳动岗位。让男孩通过劳动获取回报。比如，让男孩收集家里的旧报纸或者饮料瓶子等，拿到废品收购站去卖，来赚取报酬，通过这种方式，让男孩明白经营和赚钱的不易。

不要"扼杀"男孩赚钱的想法

　　"要花钱，自己挣"，做父母的必须从小就对男孩灌输这种思想。这样，不仅会使他的心理更早地成熟，还能够很快地促使他经济独立。

　　男孩需要从小树立起"有劳动，才有收获"的观念，在这一点上，父母应该正确加以引导。

要花钱，自己挣

　　美国的父母经常说的是："要花钱，自己挣！"许多儿童通过照看小孩或修剪草坪等工作挣钱，不仅对金钱的价值理解得更深，而且有了劳动的体验。而中国人虽然常说"奋发图强""自力更生"，但是中国父母往往不会要求孩子做到这点。

　　一位美国爸爸在他的日记里介绍了一种教育男孩自己赚钱的好方法。"儿子自从上幼儿园就开始向我要钱。"爸爸说，"每天都要钱。"有一天，爸爸不耐烦了，一本正经地对儿子说："想要钱，自己挣。""可是，我不会呀！"这小家伙还很委屈。爸爸说："比如扫地、擦桌子、倒垃圾，这些都可以挣到钱，你可以帮父母做一些力所能及的活。""太好了！"儿子对这种新鲜事情很感兴趣。可是有一天，儿子又对爸爸说："爸爸，我干了半天累得腰酸背痛才得到两元钱，怎么样才能多挣钱少出力呢？"爸爸想了想，告诉儿子：

"你用脑力也可以赚钱，只要你能提出一个对家庭或工作有益的建议并被采纳，就支付你体力劳动 3 倍的工资。"结果，儿子提的建议非常多，并且确实提出了一些好建议。后来，爸爸兑现了承诺。现在儿子上三年级，在零用钱方面很懂得节省，在家里不仅爱劳动，还很爱动脑筋。

许多父母"扼杀"了男孩赚钱的想法

生活中有很多机会让男孩赚取零用钱，男孩们也不缺少力气和勇气，有的时候他们只需要父母的一点点正确的引导。很多父母认为，家里并不缺少这点钱，我才不会让孩子做这些不体面的工作。持有此类想法的父母自认为这是爱孩子的表现，其实不然，一个男孩从小就应有热爱劳动的好品质，并懂得用自己的付出来换取收获，深知不劳无获的道理。劳动是一件光彩的事，因此，父母应该知道，人为地"扼杀"男孩赚钱的想法，无异于悄然播下了"无能"的种子。

赚钱不要害羞，"动起来"才能赚钱

现实社会是非常公正的，不管你是谁，要想赚钱就必须劳动，孩子必须明白这一点。赚了钱之后的投资理财行为也是一样，让人际关系活跃起来，要勤于与人们"互动"，赚钱的机会自然会增多。投资是"动"，储蓄是"静"，如果只是储蓄，是积累不了财富的，所赚利息常会被通货膨胀吃光光。要特别记住，不要怕没面子，在动的过程中不要害羞，大胆、乐观地尝试这个过程，不仅能让男孩体会人生百态，也能让男孩体悟赚钱的方法。

溺爱是父母送给男孩"最可怕的礼物"

　　许多父母认为，即便自己节衣缩食、省吃俭用，也不能苦了男孩，生活再苦也不能让男孩跟着父母吃苦。尤其是一些年轻的父母，认为现在的生活水平提高了，绝不能再让男孩像自己小时候那样"吃苦"，别的男孩有的，自己的男孩也得有，否则会很没面子。

　　目前，许多孩子的高消费已经是一笔不小的开支，但父母禁不住男孩一哭二闹，总是忍痛掏腰包。宁可自己不花、省吃俭用，也不愿意委屈孩子。可以理解父母的良苦用心，只是父母一味迎合他们的需求，孩子却往往并不领情，甚至认为那是理所当然的事情，跟自己没有关系，无形中形成了互相攀比的作风，不思进取、意志薄弱。

溺爱是父母送给男孩"最可怕的礼物"

　　男孩终究有一天要长大，要脱离父母搏击长空，振翅高飞，自己去生存去奋斗。如果不从小锻炼他们的筋骨、磨炼他们的"翅膀"，那么，男孩长大后离开父母要去自己闯出一片天地时，就没有勇气和胆量去面对挫折，势必会惶恐无助。苏联教育家马卡连柯说，溺爱是父母送给男孩"最可怕的礼物"，是可以杀死男孩的"毒药"。为人父母者，对此要保持高度的警觉。

富家男孩也应早"当家"

鲁迅先生很早就指出，在未来如何让孩子养成在潮流中"游泳"，而不至沉没的能力，提出我们应该学会怎样做父亲。中国的古语"家贫出孝子""富不过三代"等，也从另一方面揭示出贫富教育的辩证关系。中华民族历来重视教育，关键在于培养孩子积极向上的品质，但教育绝不仅仅是满足孩子的物质需要。比尔·盖茨富可敌国，不断向社会施以巨额的捐款，然而对子女极为"吝啬"，盖茨公开宣称："我不会给继承人留下很多金钱，因为这对他们没好处。"

一些白手起家的父母也能树立让男孩吃苦的观念，这长远的眼光正是他们的精明之处。但是，如果父母引导不好，让男孩吃了太多苦，同样会给男孩心灵留下阴影。吃苦也要有个度，并非单纯让孩子受苦，使其在苦难当中得到锻炼才是关键。如何让男孩多懂得一些立身处世的道理呢？大家都知道沃尔玛是世界最大的连锁零售商，它的创始人山姆ｏ沃尔顿写过一本自传《美国造》，他在书中这样警告后代："子孙当中有谁要是胆敢玩弄纨绔子弟的那类奢侈品，我到地狱里也要起诉他。"富豪尚且如此，我们就更没有理由"富"养男孩了。

让男孩多动手，多经受些挫折

孟子说："天将降大任于是人也，必先苦其心志，劳其筋骨，饿其体肤，空乏其身，行拂乱其所为，所以动心忍性，曾益其所不能。"只有经历过深刻磨难的人，才能做出非凡的成就。再富也要"穷"男孩，父母一定要注重这个概念，在男孩人格形成的关键时期，要适当地为男孩设置一些障碍，比如让男孩少花些钱、多动动手、多受些挫折，以逐步提高和增强男孩艰苦奋斗、自力更生的意识，这才是父母对男孩的真爱，能给予男孩终生受用不尽的精神财富。如此，男孩将会感受生活中的艰难不易，会珍惜父母的劳动成果，长期下去会激发男孩吃苦进取的精神，对其未来善莫大焉！

让男孩了解家庭开支，培养经济头脑

　　财商是与智商、情商并列的现代社会人不可或缺的三大素质。一般来说，智商反映的是人的智力，情商反映的是人的沟通交际能力，而财商则是一个人驾驭金钱的能力。

　　理财的智慧是一个人在财务方面的智力，包括两个方面：一是正确认识金钱及金钱规律的能力，二是正确应用金钱及金钱规律的能力。为了提升男孩的这些能力，父母必须要从小重视男孩的财商教育，财商是当今社会很重要的一种能力。

让男孩明白什么是财商

　　财商是一个人赚钱与理财的能力和潜力，它包括理财能力、事业的潜能、理财观念和创富的欲望这四个方面。父母要让男孩了解财商，必须也要让男孩了解与财商相关的内容，并且对男孩进行系统的教授和指导，使男孩明白财富在人生中的重要地位，激起男孩对创富的欲望以及思考，树立正确的金钱观念，并且学会正确管理金钱，使男孩将来拥有更多赚取财富的本领，从而过上高品质的生活。

从零花钱的使用开始教育

　　正确的金钱观，应从男孩的零用钱使用开始进行教育。如父母平时给多少并没有一个定值，主要根据男孩的预算消费来定。要让男孩学会做出消费决定，学会预算和节约。零用钱的使用父母不必直接干预，要由男孩自己做主。当男孩对零花钱使用不当提前花光时，父母不要轻易多给。要让男孩学会对自己的消费行为负责，男孩才能懂得过度消费所带来的严重后果，以后消费时，便会考虑这点，有选择性地消费。

让男孩了解家庭生活的开支

为了帮助男孩打好未来生活的基础，父母可以告诉男孩家中的钱花出去都是做了什么，以帮助男孩了解该如何掌管家庭的"财政大权"。不论是在农村还是城市，大多数家庭都不让孩子参与理财，如果男孩从小生活在衣食无忧的家里，买什么东西以及支付哪些费用等，从来都是由父母来承担，难免导致男孩缺乏理财经验，当他们长大后需要独立管理自己的财务时就会手足无措。

让男孩学做金钱的主人

许多现代人每天都在为赚钱而疲于奔命，有些人为金钱所奴役，拜倒在金钱脚下。因此，要让自己的男孩学会做金钱的主人，而不是金钱的奴隶。金钱是一种观念，同时，金钱很多时候就是力量。很少有人主动去思考如何让金钱为自己工作，多数人只知道为了金钱而工作。还有许多人总是任意消费，没有储蓄意识，无论赚多少钱，最终都一无所有。因此，要从小教导男孩学习储蓄和投资等，让他们理解并懂得储蓄和投资的重要性和意义，真正学会做金钱的主人。

让男孩参与家庭理财，有乐趣男孩才积极

  随着理财教育逐渐被重视，国人也开始对国外的理财教育感到好奇。在美国，父母教授给孩子的是新时代先进理念。

  在美国，61%的美国家庭有家庭财务计划，有71%的父母教育子女"如何投资"；大部分的美国父母认为，父母要先学习理财知识，父母善于理财，孩子成为富翁的概率可以达到1/5。父母有正确的理财观念，其子女成为富翁的概率更大，比不善于理财的父母之子女高出100倍。因此，父母拥有良好的理财观念，对男孩进行正确的理财教育，是男孩将来成为富翁的关键。

让男孩对来之不易的东西知道珍惜

  男孩很小的时候，父母就应该开始培养男孩惜物的美德。父母要让男孩知道珍惜来之不易的东西，大多数男孩平时兜里总是有不少零花钱，就连一些并不富裕的家庭，父母也会省吃俭用想尽办法来满足男孩的需求。回过头来看看男孩是否懂得珍惜自己手里的零花钱呢？事实上未必。有不少父母已经认识到培养男孩节俭的美德、让男孩学会珍惜的重要性。不过近年来，每到学校号召给灾区捐款的时候，男孩倒是也出手大方，一百元一张的纸币随意就扔进了捐款箱，因为这些捐款的钱都是他们回家向父母要来的，所以并不知道

珍惜。

让男孩合理使用积蓄

要给男孩一定数额的可支配权，让男孩用自己的方式去管理钱，父母提供一些必要的帮助就可以，让其学会感恩，尝试理财，有益于他们今后的健康成长。逢年过节给父母、老师、朋友等买一些小礼物，学会分享金钱的快乐。这样，男孩就能学会量力而行、花钱有度，学会通过正当劳动获得一些收入。要教育男孩懂得从小就要关心和帮助别人，学会用自己的积蓄去帮助别人，例如照看门市、卖废品、刷车等，可以付钱请男孩帮忙。同时，还要让男孩意识到日常家务也是他的义务，如扫地、洗碗、倒垃圾、擦桌子等，避免唯利是图的不良心理，并非事事都要给男孩钱。

父母经常让男孩参与家庭理财

在现实生活中，父母除了让男孩靠自己劳动和付出来挣钱外，可以经常让男孩参与家庭理财，这样很早就能使男孩学会在消费之前先比较和考虑一番，不会冲动。还可以让男孩知道家里的收支需要和经济状况，等男孩长大一些以后，与父母共同担当当家的责任。让男孩了解到钱有更多用途，同样数量的钱可以做更多不同的事情，教男孩通过比较和权衡来定出最合理的消费方案。不仅仅要教导男孩珍惜金钱，而且要让男孩知道如何花钱。

培养男孩贷款观念

男孩有时候想购买的物品价格太贵，远远超过了自己存的钱，这时父母除了要帮助男孩重新调整自己的存钱目标以外，还可以适度地借些钱给男孩，培养男孩拥有借钱、还钱，并支付利息的借贷观念。不过，一定要先让男孩自己提出合理的还款方案后，父母才可以借出，以免男孩到时候要赖。另外，男孩也可以向兄弟姐妹借款，让其约定何时还清、如何还款等，这时父母最好以白纸黑字记录下来，当个仲裁人，培养男孩的责任感，使男孩了解到借钱、还钱的重要性。

Part 06
第六章

能力培养，
能力决定未来

卡耐基曾经说过：一个人取得成功，专业知识所起的作用只占 15%，而各种能力，尤其是交往能力却占到了很大的比例。也就是说，和谐的人际关系、应变能力等是如今社会判断成功者的一条重要标准。因此，现代父母要有"穷养"男孩的意识和思想，为男孩将来步入社会打下坚实的基础，让男孩更容易承受逆境、适应环境，具备独当一面的能力。

自我反省，让男孩去掉"抱怨"

　　成功人士大多十分看重自我反省能力，他们经常在媒体上提出这一点。一个人能够不断进步，正在于不断地自我反省，找到自己的缺点或者做得不好的地方，然后不断改正，从而取得一个又一个的成功。

　　人类的天性是趋利避害，由于害怕受到责罚，男孩的自我反省能力并不强。有时，男孩做错事以后，父母要是问："是不是你干的？"他会摇着头告诉父母："不是，不是，绝对不是我干的。"

让男孩去掉"抱怨"

　　很多男孩对待学习和生活总是持有各种各样的抱怨，抱怨家长偏心、抱怨命运不公、抱怨自己学习成绩不好，但却很少反思自己有什么地方做错了，做得不好，自己有什么缺点。其实，每个人都会犯错，每个人都有不如意的时候，每个人也都有缺点，但是，这时候，如果男孩只抱怨环境或他人，就不可能认真去做事，也就不可能取得成功。

　　上三年级的时候，乐乐和浩浩被分到了同一个班，他们是从小一起长大的小伙伴。这两个小家伙都很好强，都有想当"官"的心理。老师看出了他们俩的心思，于是，给了他们俩每人一个"官"当，任命乐乐为班上的体育委员，浩浩为劳动委员。面对这份"苦差"，浩浩什么也没说，只是每天认认真真地做好自己的本职工作，同时，还总是帮助同学修理桌椅板凳，值日的同学忘记擦黑板他主动去把黑板擦干净等，后来，浩浩深得同学们和老师的好评，不久就被同学们选举为班长。乐乐则不一样，他先是抱怨当体育委员很累，后来连自己的本职工作都懒得去做，最终被贬为"平民"。

告诉男孩，失败了没有关系

对于善于自我反省的人来说，自己的优点和缺点都是显而易见的。他们能够发挥自己的最大能力，做到扬长避短。作为父母，要常常鼓励男孩坚强些、勇敢些，"失败了，没有关系，只要尽力了就是成功"，然后再帮男孩找出失败的原因，注意寻找失败的原因一定要在男孩心平气和的时候。事实上，每个人，尤其是正处于性格形成期的男孩，在面对失败时都要持有自我修正、自我反省的态度，并有以不懈的努力去追求和实现美好人生的愿望。一个不善于自我反省的人，不仅不能很好地发挥自己的能力，而且会一次又一次地犯同一类的错误。相反，一个人如果能寻找到更好的方法，去弥补自己的失误和缺点，不断反省自己，也就更容易取得成功。渴望成功的男孩，自我反省和不断完善自己的能力缺一不可。

当男孩做错事时，父母要讲究批评的艺术

批评是一门艺术，善于批评的父母能够让男孩认清自己的错误，主动改正错误，这一点是不善于批评的父母办不到的。当男孩做了错事时，往往会不知所措，处于悔恨当中，此时父母应先对男孩做得好的方面给予肯定，然后再指出做得不好的方面稍加批评，要让男孩知道父母不是光盯着他的错处。此外，批评男孩时，父母不要翻旧账，应只谈眼前做错的事情。以前批评过的事情不应该再提起，不能老是记着男孩以前不好的地方，让男孩觉得在父母面前永远无法翻身。如果批评不符合事实，要允许男孩做出自己的解释。如果父母强硬地要求男孩改正错误，男孩从心里不服气，虽然会虚假地答应，但心里感到受了极大的委屈，这对其接受批评没有任何的好处。另外，父母在批评男孩时，应尽可能多地增加与男孩的身体接触，如父母在批评男孩时可以搂着他的肩膀说话，或跟他讲话的时候拉着他的手，这样能够安抚他的内心，让他更容易接受父母所说的话。

思考能力，帮助男孩把大脑"转动"起来

成功学大师拿破仑·希尔曾经说："思考能够拯救一个人的命运。"事实上的确如此，思考是指引人类活动的灯塔，有思考力的人才会有创造力，思考能力较强的男孩在幼年时期就会在学习和生活的各个方面表现出优势。

早教的一个重要内容，是培养男孩善于思考的能力，这一点已经得到了社会的认可。善于思考比认几个单词、背几首诗对男孩的未来发展更加有用。父母应多花心思，借助一些日常生活中的琐事、细节以及一些游戏，帮助男孩把他们的大脑"转动"起来。

引导男孩独立思考

独立思考是男孩发现问题、认识问题、解决问题的重要途径。许多男孩在遇到疑难问题时，总希望从父母那里得到答案。如果父母对男孩有问必答，确实可以解决男孩当时的问题，但是从长远来说，男孩会养成一种依赖父母的习惯，遇到问题时不会自己去寻找答案、不会独立思考，这对男孩发展思维能力是没有好处的。因此，父母要引导男孩独立思考，启发孩子去分析、运用自己学过的经验和知识，例如可以通过翻阅参考资料等方法，让男孩自己去寻找答案。这样，男孩的思维能力就会得到提高。

鼓励男孩发表自己的观点和意见

有的男孩缺乏独立思考的能力，没有独特的见解，或者性格比较懦弱，在发表自己意见的时候常常受别人的影响而改变想法，盲从附和。这种主见不明确的做法往往会影响男孩思维独立性的发展。那做父母的应如何改变男孩的这种坏习惯呢？父母要给男孩创造一个和谐、民主的家庭氛围。在这样的氛围中，男孩才会畅所欲言，无所顾虑。父母要鼓励男孩敢于发表自己的看法，在男孩发表自己的意见时，哪怕是错误的意见，父母也应让男孩说完，然后再给予恰当的说明和指导。对于男孩的正确意见，父母应当给予表扬和肯定，让男孩增强发表自己意见的信心和勇气。

鼓励说出自己的发现

给男孩讲故事书或一起看动画片时，可以引导男孩开动脑筋，自己去探索和发现。比如："地上怎么会有这么多的树叶呀？""小熊今天为什么戴上围巾和帽子了？"然后，耐心地等待男孩反复观察画面，经过推理、判断，由表面的现象得出"秋天来了树叶被风刮掉了""天气变冷了，小熊要戴围巾和帽子"的结论，以这种方式来逐渐培养男孩独立思考的习惯。

喂兔子吃草，教男孩思考

喂小动物吃东西是一件很有趣的事情，孩子们都喜欢猫、狗、兔子这一类毛茸茸的小动物。喂兔子吃草并不难，但是如果父母善于引导，就可以把它变成一个培养男孩科学思考的过程。例如，因为故事中常讲小兔子吃胡萝卜，许多孩子以为小兔子只吃胡萝卜，往往把"小狗吃骨头，小猫吃鱼，兔子吃萝卜"当作"标准答案"，从而形成一种思维定式。在喂兔子的过程中，父母可以提醒男孩尝试拿一些菜叶或青草给兔子吃，打破头脑中原有的"兔子只吃胡萝卜"的刻板观念。这就可以使男孩的思维得到拓展，进而学会联想和举一反三，养成勤于思考的好习惯。

交往能力，鼓励男孩参加各种集体和体育活动

对男孩来说，交往能力是十分重要的，交往能力强的男孩更容易受到人们的喜爱。在学校，善于与他人交往的男孩不仅能够从容地与同龄人交往，而且能够从容地与老师等成人交往。而男孩是否善于同别人打交道，在人群中人缘如何，对他们以后的人生发展和学习有很大的影响。因此，父母要重视培养男孩与人交往的能力。

交往能力，男孩成功的必备能力

父母对男孩有着很高的期望，常常在脑中勾勒出男孩长大后的成功形象：比如商场上口若悬河的谈判高手、叱咤风云的企业家、深得人心的政治家等，而这一切成功都需要这个男孩从小就有很强的与人交往的能力。所以，父母应该注重对男孩交往能力的培养。

请男孩和别人分享有趣的内容

与别人分享有趣的内容是表示友好的一种方式，也是与他人更好相处的一个技巧。因此，父母可以教男孩掌握这一技巧。父母可以告诉男孩，要想得到更多人的好感，与别人谈话时，就多问问对方的情况，要少说自己，找一些对方感兴趣又有很多话要说的话题来谈，请对方分享一下他最难忘的经历、他最大的成功、他的兴趣等。

让男孩多参加集体活动

作为父母应教育男孩多参加集体活动，让男孩融入集体生活，加强与同学的交往和交流，增加同学对自己的信任和好感。在集体活动中，父母应教育男孩多做事、少指挥。如果一个人自己喜欢指挥别人却不做事，那么同学就会讨厌与他交往，甚至对他产生反感。因此，父母应教育男孩在集体活动中尊重别人，当同学遇到困难时，主动伸出友好的双手去帮助，这样才能赢得更多的好朋友；如果有的同学对自己态度冷淡也不必介意，坚持在班里服务于大家，久而久之，相信同学就会热情起来。

鼓励男孩参加各种体育活动

体育是一种锻炼活动，也是一种直接与人正面接触和竞争的群体活动，必须有两个或两个以上的人参与才能体现出意义。体育活动不但需要胆量，也需要力量和智慧，这种胆量正是人际交往中所必需的一种要素。男孩一旦爱上体育，就会主动寻找交往对象，这种寻找就是交际；而合适的交往对象，往往就是具有深厚友谊的小伙伴。

鼓励男孩带同学回家

父母要让男孩有一种主人公的意识，鼓励他主动带同学回家做客，并且教导男孩怎样才能热情地招待好他的朋友和同学。父母的热心会让男孩的朋友和同学增加对男孩的好感，从而愿意与男孩保持良好的朋友关系。父母也可以邀请邻家的小朋友来家玩耍，让自己的孩子在与他人的交往中增强信心，学习人际交往的技巧和方法。

让男孩独自到同学或邻居家去串门

让男孩独自到同学或邻居家串门，能够培养男孩客人的意识。无论在西方还是东方，人们都十分重视客人和主人之间的友好关系，主人有主人的义务，客人有客人应遵守的礼仪，让男孩学会做客，也是一个锻炼男孩交际能力的不错机会。做客过程涉及问候、交谈和送礼物等问题。男孩若是一个人去了就成了主角，与对方的一切接触都得由男孩自己来应酬，这无疑把男孩推到了前线，促使其想办法考虑该如何交际。家里来了客人，有时候不妨让男孩出面去接待，特别是当朋友或客人的年龄与孩子年龄相仿时，父母千万不要包办代替。

相处能力，让男孩学会无私

男孩都想变成大公无私的英雄，但是他们在现实生活中的表现却让父母担心，他们可能有很多缺点，例如以自我为中心、不合群、女性化或攻击性强等，拥有这些缺点的男孩常常表现出不敢与陌生人说话、无法与别人相处、不愿见陌生人等现象。

帮助男孩获得成功的习惯和能力大多是在小时候就培养起来的，男孩同别人友好交往的能力更是如此。小时候懂得如何与人交往的男孩，长大后往往能够吸引更多的朋友；小时候主动与别人打招呼的男孩，长大后往往懂得与陌生人交朋友；小时候人缘好的男孩，长大后往往能够在生活和事业上找到很多好帮手。其实，对于一个男孩来说，他非常希望能够找到几个志同道合的朋友，并且从他们那里获得鼓励、信任和支持。

男孩要主动去交往

应多主动帮助他人。要想人缘好，首先要让自己的男孩在作风行为上让他人看得起，让自己的男孩对待别人要有诚意，简单而言，就是让男孩懂得如何与别人交往。

男孩要主动，不能总是等着他人走过来和自己说话，一个人缘好的人往往非常活泼、开朗，所以要尝试用真诚的心去和他人沟通，试着展现自己的特长，张扬自己的个性。同学之间有很多机会可以增进感情，例如有同学生病了，主动帮他打饭、买药；遇到有兴趣的事大家一起讨论；多参加一些集体活动和劳动等。这些交往不仅能让男孩获得好人缘，事实上主动帮助他人，本身就是自我力量的实现。

增加男孩"互酬"的无私性

在现实生活中，一些人对别人的需求、困难总是漠不关心，偶尔帮助别人也只是出于获得利益的目的。这样的人，别人难以长久与之相处，只能博得人们一时的好感。但有些人则恰恰相反，他们默默无闻，总是去帮助别人，从不要求任何回报。可以看出前一种人有一种"互酬"的自私性，而后一种人则具有无私性。父母应该培养男孩的无私性，因为这种无私性对男孩日后的发展极为有利。

对人要真、要诚、要尊

教导男孩要对人真、诚、尊。所谓真，就是对人要尽量做到真实，不应该口是心非。所谓诚，就是不应该讥笑他人的不足和缺点，而应该取长补短，热情帮助他人，谦虚学习，而不嫉妒别人的优点，取人之长补己之短。所谓尊，就是不要自以为是，自命清高，要尊重别人。每个人尽管能力有高低，但在人格上是平等的。真、诚、尊的反面是伪、妒、傲，这是人际关系的大敌。

增加男孩"包容"的广泛性

父母最好不要限制和规定男孩交什么类型的朋友，应允许男孩结交一些性格不同、特长不同或者年龄不同的朋友。例如，男孩结交了在写作、音乐或者绘画上有特长的朋友后，就等于找到了一位好的帮手，男孩在这方面的才能也会得到相应的提高。要培养男孩豁达的心态，宽容地对待他人和自己的生活。生活中的一些琐事要懂得包容，不要斤斤计较。不仅仅是对好朋友，就算是对待和自己关系一般的，甚至对自己有意见的同学，男孩也要学会宽以待人。人与人的关系是富有弹性的，如果男孩待人的那根"弦"绷得过紧，就容易对人际关系产生不利，甚至毁掉一段友情。

与他人合作，让男孩学会"双赢"

生活中，那些善于同他人合作的人身体大多很健康，精神生活往往也比较丰富；反之，那些不喜欢同他人合作的人大多显得十分孤僻，往往有难以排遣的忧愁和烦恼，甚至导致身心健康出现问题。

无论如何，人类都不能把自己孤立起来，这是科学证明了的。因此，男孩必须与他人保持频繁的接触，只有这样才能从人群中脱颖而出。优越而从容的合作技巧是在男孩与人交往的过程中不断培养起来的，离群索居只能导致自己孤立。那些自命不凡的人孤立地生活在一个人的世界里，他们没有意识到自己的局限与渺小。这种孤立的境地使他们更加孤陋寡闻。无论遇到多大的不幸和困难，总是能够借助群体的力量帮自己解围，这才是成功者的秘诀。

给男孩讲故事，培养在合作中获得双赢

每个人都需要生活在群体中，很多事情都需要借助群体的力量才能完成，这就必然促使男孩要学会合作。常言道："一个巴掌拍不响""众人拾柴火焰高"，说的就是这些道理，有时候必须充分发挥集体力量的优势才能顺利完成心中的使命。

有一个故事，说的是一个小男孩在沙坑里玩耍，沙坑中间有一块很大的岩石，他下定

决心，试图把它从沙坑中弄出去。但他没有多大力气，用尽各种方法，每当岩石快被推出沙坑时，又总是滑落回去。他很伤心，哭了起来。整个过程，男孩的爸爸从窗户里都看得清清楚楚。爸爸来到了男孩跟前说："你为什么不用上所有的力量呢？""我已经用尽了自己所有的力量！"爸爸弯下腰抱起岩石，将岩石搬出了沙坑，说："不对，孩子，你并没有用尽所有的力量，你没有请求他人的帮助。"

培养男孩良好的心态，它是合作的基础

一个人的一生不可能永远顺利，不管在多么良好的环境下，都有不尽如人意的事情发生，因此人的心态是非常重要的。有些人整天嘻嘻哈哈，看起来非常悠闲，遇到事情会尽量地往好的方面去想，日子照样过得安稳太平；而有些人偏偏喜欢钻牛角尖，给自己找麻烦，很多困境其实是自己造成的。所以，父母要培养男孩良好的心态，不论男孩将来做什么，良好的心态都是男孩与他人合作的基础。怨天尤人的男孩只会忙于批评和抱怨别人的环境和运气，却不去思考如何改正自己。

男孩要学会与他人合作

合作的力量是巨大的，而一个人的力量总是受到限制，与他人合作可以壮大自己的力量，男孩如果善于合作就能成功，就能双赢。大凡明智的人都懂得合作与联合，团结起来改变自己的智慧和命运，历史上六国联合抗秦，进行互保，联合一旦破裂，六国就被强大的秦国一一吞并了。那么，父母应该如何培养男孩与他人合作的能力呢？可以通过给男孩讲以上这些故事或是案例，让男孩逐渐明白只有合作才能获得双赢的道理，男孩自然会领悟在生活中应该怎么做，应该如何与别人友好相处、建立好的人际关系等。善于同别人合作，就能产生 1 加 1 大于 2 的效果，这是十分明显的。

自控能力是男孩成熟的基础

男孩缺乏自我控制能力的表现可以有多种形式，如课堂上说悄悄话、无故招惹别人、任性、发脾气、说脏话、做事缺乏耐心等，这些是非常普遍的现象。

缺乏自我控制能力是影响男孩发展的重要因素，而宽松的现代教育模式也让这一点更加突出，引起了全社会的关注。它严重地影响到男孩的身心健康，影响男孩的学业、社会适应能力和人际关系等。

理解自控能力的概念

自控是人类的一种行为模式，在这个模式下，人们自觉地采取某种方式控制自己的行为，自控能力是个人对自身的行为与心理的主动掌握，不需要外部的强制要求，主动克服困难，排除干扰，以保证目标的实现。自控能力可以表现为自我意识对自身行为的组织、监督、校正和协调等，使人的整个心理活动作为一个系统，客观现实与主观意识相互作用。

父母要以身作则，树立榜样

教育男孩的最好的方法是给男孩树立一个榜样，要教会男孩学会自我控制，父母首先要向男孩展示自控能力，主动约束自己。男孩最喜欢模仿的对象是父母，父母的自控力会直接影响到男孩自控力的形成。男孩良好习惯的养成，要靠父母严格要求和反复训练。首先，父母需要为男孩创造一种良好的环境，在这种环境下，父母以身作则，再去严格要求孩子；其次，让男孩学会负责，让男孩懂得自己的行为所带来的后果，要自己承担；最后，建立适当的惩罚机制。

巧用激励，以理服人

一般情况下，经过多次练习以后，男孩的自控行为就可得到提高，从而降低自控行为引起的不适感和紧张感，使自控行为容易保持和完成。与此同时，父母要讲究语言的艺术，在表扬孩子时不忘激励他继续努力。如男孩被选为班长后，父母可以在夸奖男孩"真棒"的同时告诉男孩，今后应该用班长的标准严格要求自己，使自己尽量做到最好，在各方面起良好的带头作用。对男孩提出更高的要求，会对男孩产生更强的激励作用。

通过游戏培养男孩自控能力

男孩可以通过游戏认知世界，在游戏的过程中对玩具的摆弄和操作，能激发男孩的学习兴趣。因为游戏过程中专注于手部动作和玩具本身，男孩在坚持方面的控制力表现得比较突出，但对外界干扰的抵制力较差，旁人的干扰或环境的嘈杂都会影响孩子的注意力。有时受游戏设施和游戏规则的限制，需要玩家轮流上场，总有一部分孩子处于等待状态。游戏中的等待也是培养男孩自控能力的契机。

采用代币法来延迟满足

当不能立即满足男孩的一些愿望时，要培养男孩的耐心，让其学会等待。经过一段时间等待后愿望得到满足，能逐渐使男孩懂得忍耐。代币法也是延迟满足男孩的好方法之一，父母不妨试试。例如，父母可以和男孩约定，假使男孩要买新玩具，要用男孩平时积累起来的"五角星"来进行交换。"五角星"是平常男孩表现好的时候获得的"奖励"。一般男孩积累到 5～10 个后就可以换得一个想要的物品，男孩每次获得"奖励"的过程就是一种延迟的等候。另外，父母每次给予男孩的奖励标准一定要统一，不能没有原则随性奖励。

缺少观察，思维活动就会受到压抑

　　对事物的观察是培养创新能力的基础，善于观察的男孩，总是显得更加聪明。男孩从外界获得的信息，80%都是通过观察获得的。

　　父母要鼓励男孩的探索行为。冰心曾经说："淘气的男孩是好的，淘气的女孩是巧的。"男孩天生喜欢探索，喜欢冒险，爱玩耍、爱调皮并不意味着男孩是坏孩子，相反，这正是男孩创新能力的萌芽，父母不仅不应该制止，还应该有意识地珍惜和保护，给男孩充足的时间和空间，让他们有机会去研究和发现感兴趣的想法及事物。在保证安全的前提下，父母应积极鼓励和支持他们的各种探索。

重视培养男孩的观察力

　　只有善于观察的男孩才有杰出的思考能力和记忆能力，所以说观察力是男孩思维的出发点，男孩创新能力的发展离不开观察力，男孩只有在生活中多看、多想，才会积累更多的经验，掌握更多的知识，找到事物的内部联系，才能顺利发挥男孩的创新思维去解决问题。男孩的创新性除了受遗传因素的影响外，还受到环境和教育的影响。父母要从男孩小时候开始，为男孩创造良好的环境，帮助男孩拓宽视野，让男孩敢于观察、善于观察，以开启男孩的创新性。

在新中国的地质学领域，李四光是泰斗级的人物，他是中国著名的地质学家，以具备洞察各种现象的超强观察力而著称。无论他走到哪里，都会处处留心，时时注意，观察周围，从不放过任何一个细小的机会。在参加会议、旅游、出国讲学的时候，他都会实地进行观察。李四光出国讲学取道美国时，在半路上停下六七次，专门去爬山考察地质。李四光从英国回国要经过意大利和瑞士，途中也进行了野外实地考察。最终，李四光在地质学方面有了深厚造诣，创立了地质力学，帮助国人摘掉了"贫油国"的帽子。

观察的机会少，思维活动就会受"压抑"

如果男孩生活单调，观察的机会就会少，就会使其大脑思维活动减少，处于压抑状态，大脑皮层发育迟缓，智力发展也会随之受到限制。相反，如果男孩生活在充满新鲜事物、丰富多彩的环境中，大脑常处于兴奋状态，接收到很多新鲜事物的刺激，智力发育就会较快，创新思维能力也会得到相应的发展。由此可见，要想让男孩具备良好的创新能力，父母就必须有意识地拓展男孩的视野，培养男孩的观察力。

提高观察力，需要父母有意识地引导

男孩幼儿期时，观察力持续的时间短，缺乏稳定性，也缺乏概括性和系统性。父母应该教给男孩基本的观察方法，有意识地引导男孩观察身边的事物，让男孩学会有目的地观察，逐渐具备概括性和条理性，在提高孩子观察力的同时发展孩子的创新能力。父母还要教给男孩由近及远、从局部到整体、从表及里的观察方法，培养男孩良好的观察习惯，为男孩的创新能力打好基础，以促进男孩创新能力的提高。

科学的技巧和方法是培养男孩创新能力的先导

在日常生活中能够有所成绩的人，无不是经常从他人想不到的角度去思考问题，从他人没有发现的角度去分析和解决问题。父母要引导男孩学会多角度地看待和分析事物，培养男孩的发散性思维，逐渐形成创新性思维。创新的主要方法有综合、革新、演绎、变向、延伸等，很多经典性的创新都运用了其中多种或是一种方法。只有让男孩掌握了这些创新技巧，男孩才会在此基础上发展创新性思维。比如，家里的曲别针，父母可以引导男孩发现它的其他作用，如代替别针做鱼钩等。

应变能力，在危急时刻男孩要敢于求助

　　意外情况下的自我保护常识是人们在历经灾难后，对灾难的规律性认识及所采取的必要防护措施。要培养男孩自我保护能力，使男孩懂得自我保护的常识。男孩多半调皮，安全意识较为淡薄，所以父母要重视培养男孩的应变能力，在危急时刻大显神通。

　　应变能力是抽象的，对于年龄较小的男孩来说有些难以掌握，因此在一些灾害和危险当中，男孩往往很容易受到伤害，所以向男孩普及意外情况下的自我保护常识是非常必要的。意外伤害虽然是偶发事件，也需要防患于未然，男孩只有掌握了在意外情况下自我保护的常识，才能避免受到伤害。

男孩应当学习自我保护

　　男孩学习自我保护常识，有利于提高自我保护能力，父母应该将这些知识贯穿于生活的方方面面，例如夏季打雷、闪电时，要提前告诉男孩不要躲在树下，讲解应该如何避免雷击的伤害；教给男孩正确的使用电器的方法；教孩子认识各种标志、符号、信号，并理解其含义。

　　我们都听过《司马光砸缸》的故事，故事说的是一群孩子在玩耍时，一个小朋友不小心掉进了水缸里，其他的孩子吓得边哭边喊，跑到外面向大人们求救。司马光也在其中，但是他急中生智，从地上捡起一块大石头，使劲向水缸砸去，砰！水缸破了！缸里的水流了出来，被淹在水里的男孩也得救了。这就是流传至今的《司马光砸缸》的故事。看了这则故事，大多父母会唏嘘感慨，感慨小司马光的沉着冷静，感叹小司马光的随机应变能力。

男孩要敢于求助，提高男孩的自我保护能力

教育男孩敢于求助，提高男孩的自我保护能力。男孩在小的时候体力不足，生活经验也不足，适应环境的能力也较差，遇到危险情况时难以应付，所以求助是男孩自保的最好方法。许多小男孩遇到困难时只会发脾气、哭泣，受到欺负时就惊慌失措，连呼喊求助的胆量都没有，又因受到语言能力的限制，男孩在遇到困难需要帮助时，往往说不清楚事情的情况和经过，所以父母和老师传授男孩求助的技能要从"敢"字入手，教男孩用语言表达自己的意愿。平时要求男孩讲清楚一件事的地点、时间、内容，讲清要别人帮什么等。在当今社会电话已经普及，打电话求助家人或拨打110等都是获得求助的有效办法。父母应要求上中班以上的男孩学会拨通自己家、父母及父母工作单位的电话，并且知道110、120、119等呼救电话的含义。

培养男孩的自我保护能力

通过情景类推、切身体验，培养男孩的自我保护能力。男孩如果先前有受伤的体验，对自身的痛苦记忆会很深刻，这种切身体验有助于男孩理解自保的重要性，也有利于父母在情景中对男孩进行随机的自我保护教育。还可利用电视教育媒体创设多种情景，让男孩学习自我保护方法。如家里或教室里着火了，躲在什么地方最安全等情景活动，通过学校、父母的正确引导，增加男孩的自保经验。另外，还可以开展一些自保实验，如怎样防地震、怎样包扎伤口、怎样灭火等，从而有效提高男孩的自我保护能力。

培养男孩抵制诱惑的能力，父母也要学会反思

在这个世界上，每个人都会受到各种各样的诱惑，成功的人之所以成功，就是因为他们能够约束和克制自己的冲动，抵制住"糖果"的诱惑。因此，父母应该注意培养男孩抵制诱惑的能力。

现代社会文化多元、信息多变、物质极为丰富，男孩已是眼花缭乱，对周围的一切都充满好奇，任何诱惑都有可能使他们沉迷于其中。另外，很多家庭的父母教育方式不恰当，欠缺民主性与科学性，再加上有些男孩因学业负担过重产生厌学情绪，使得电脑、电视成了男孩的"避难所"。如何让男孩抵制诱惑、拒绝诱惑，成了每个父母都关心的问题。

让男孩学会抵制诱惑，父母先要学会反思

"子不教，父之过"，男孩出了问题，父母应该先进行自我反思。有的父母大部分时间都用于工作、娱乐和家务，很少花时间与男孩耐心沟通。男孩基本的精神需求得不到满足，自然会寻求外在的替代品，于是电脑、电视成了男孩的精神麻醉剂。有些父母自己不和孩子交流，也不鼓励男孩交友，不引导男孩去参加一些对身心有益的体育活动；有些父母虽然给男孩报名参加了各种学习班和培训班，但往往带有教育的功利性，或只是家长自身的意愿，并未考虑孩子本身的兴趣，男孩的精神需要仍然得不到满足。如果他们充沛的

精力和好奇心总是得不到满足，就会被各种诱惑所吸引，一不留神男孩就会掉进各种诱惑的陷阱。所以，要培养男孩抵制诱惑的能力，父母首先要审视自身，从自我做起。

父母要放下架子，与男孩交朋友

现代社会明星制造业的繁荣，文化传媒的普及，引发了"追星"热潮，很多男孩因迷恋明星而痴狂，以至于耗费了家中的钱财、耽误了学业，还出现了心理问题，甚至上演了一出出荒诞悲剧……面对儿子"追星"中不理智的行为，父母应冷静处理。与男孩多沟通，由男孩喜爱的明星谈起，和男孩一起讨论未来、理想等，增进相互之间的理解和了解，帮助男孩得到更健康的发展和成长。

引导、鼓励男孩交朋友，交好的朋友

现代社会家中多半为独生子，男孩更加希望交到好朋友，父母应该帮助男孩正确地结交朋友。有些父母害怕男孩在交往中受到伤害，就限制男孩与人的交际，却没注意到男孩的孤独，而孤独正是男孩容易受到外在的不良因素诱惑的重要原因之一。所以，父母应该在理解男孩的基础上，引导、鼓励男孩交朋友，交好的朋友。

及时与老师进行沟通和交流

父母要及时并主动地与老师沟通交流，多了解男孩的在校生活和学习状况。学习成绩对于一个男孩来说还是非常重要的，好成绩带来的成就感会使孩子更加努力，取得更好的成绩，形成一个良性循环；相反，挫败感会使新的失败重新上演，从而步入一个恶性循环。成绩差的男孩更容易产生厌学心理，破罐子破摔再加上过剩的精力，必然把男孩推向一些不良嗜好，掉入种种诱惑的陷阱。所以，父母要帮助男孩树立积极上进的信念，通过各种方法帮助男孩掌握学习方法，提高其学习成绩。

订立双方共同遵守的"亲子协议"

父母可以与男孩订立双方共同遵守的"亲子协议"，相互监督，在互相约束的过程中让男孩形成自我管理能力。就双方的生活、劳动、学习，尤其对上网、看电视等容易上瘾的娱乐活动做出规范，"订立协议"。"协议"生效后双方都要严格执行，若某一方违反

规定都将要受到相应的惩罚。注意不要目标太高，本着循序渐进的原则，承诺双方的条件一定要具有可操作性，实现起来要由易到难，目标可以由小到大，根据实际情况进行确定。

这种"订立协议"的方式，充分体现了父母与孩子的平等地位，男孩的个性得到充分认可，容易激发男孩的内在要求和自觉行动，帮助其提高自我管理能力、自我约束意识，使男孩更好地适应竞争日益激烈的社会。

Part 07

第七章

积极心态，父母送给男孩最好的礼物

积极的心态使人看到希望，有助于男孩克服困难，保持旺盛的斗志；消极心态使男孩失望、沮丧，对学习和生活充满了抱怨，自我封闭，扼杀和限制自己的潜能。一个心态积极的男孩面对消极因素，会努力克服，而不让自己变得消沉。心存积极心态的男孩总是能够看见光明，即使身陷困境，也能以愉悦的心情走出困境。

让男孩从失落情绪中快速恢复

　　男孩和女孩不同，他们更加调皮，更喜欢说话，却不擅长通过哭泣、倾诉等方式来表达自己。因为父母常忽略男孩的情绪。有时候，父母只会发现男孩变得沉默，闷闷不乐，却不会特别重视，主动与男孩沟通交流。

　　人的一生当中，总会遇到大大小小的困难和挫折，很多父母都想尽量为男孩打理好一切，不让他受任何委屈。其实，让孩子适当接受一些挫折教育是很有必要的。懂得勇敢面对和克服困难的孩子，更容易保持积极和快乐的心态。在面对失望和挫折时，关键是让男孩知道，逃避不是办法，积极面对，迎难而上，适当的时候也要懂得求助。

调整认知

　　许多男孩长期被父母忽视，变得脾气古怪、暴躁、自卑，父母却根本不知道原因是什么。父母不了解男孩表达情绪的方式，就没有办法真正走入男孩的世界。要想改变人的情绪，特别是不良情绪，方法有很多。最流行的方法就是认知调整，换句话说，父母应该告诉男孩，控制情绪的最高终端实际上就是自己的大脑，告诉男孩很多信息其实都是在大脑中进行整合的，如果自己能够改变对事物的想法和看法，那么问题就很容易解决了。

告诉男孩"我很了解你的失落感"

如果男孩面对失望情绪反应非常强烈，或是倒地要赖，或是放声痛哭，那么父母首先要让男孩知道什么是可以改变的，什么是不可以改变的；其次让男孩知道任何无理取闹是毫无意义的，是无法带来他想要的任何东西的。但要注意的是，此时父母切不可由于男孩的坏情绪而影响了自己，转而再对男孩施压。可以告诉男孩"我很了解你的失落感"，让男孩了解失望是正常的现象，然后和男孩一起讨论解决问题的方法和有效办法；或是让男孩参与各种不同的活动，直到找到自己喜欢的活动为止。这种训练通常可以使男孩的思考模式很快从失望转变为"做其他的事情也能一样快乐"。

引导男孩换件事情做

有些男孩面对失望时，通常不会大哭、大喊或大叫，而是在一旁酝酿自己生气的情绪，父母不能眼睁睁地看着男孩在一边生闷气。所以，此时父母要帮助男孩自己从坏情绪中解脱出来，可以提示或引导男孩换件事情做，或是"我们去打球吧"，或是"你有什么好主意呢？"。这样做能使男孩相信自己可以找到解决问题的方法和办法，有能力把糟糕的情绪变好和调整好。

能从失落情绪中快速恢复，更容易获得他人的帮助

有些男孩绝不会把令人伤心和难过的事情看得很重，当他明白自己不能去公园时，会立即想干脆换个其他项目玩玩。但是作为父母，仍然需要帮助男孩掌握更多的应对挫折的方法。可以为男孩创造一个良好的人际交往圈子，以便男孩在失落时可以求助于他人。这个圈子里不只是父母，还可以有家里的其他亲人以及其他的小朋友等。研究表明，能够从失落情绪中快速恢复过来的男孩，通常也很容易让其他的小朋友帮助自己。此外，可以给出一些暗示性的话题和问题，启发男孩学会应对所面临的挫折。在生活中挫折和失败是不可避免的，与其想办法让男孩远离挫折，不如教会男孩在面对挫折时如何重新振作。专家也指出，有能力应对挫折的男孩，常常更容易获得快乐。

学会正面思维，积极暗示男孩

在日常生活中，常常会听到抱怨：父母会抱怨男孩不听话，男孩抱怨父母不理解他们。在工作中也是，常出现公司领导埋怨员工工作不得力，而下级埋怨上级不够理解他们，不能发挥自己的才能。

很多人总是抱怨生活的不公，却没有感激生活中的无限可能。拿破仑·希尔说过："如果你常常流泪，你就会看不到星光；如果你对大自然、对人生一切美好的东西学会心存感激，你眼中的人生就会显示出许多的美好。"还有这么一句话："一个孩子因为他没有鞋子而哭泣，直到他看见了一个没有脚的人。"世间有很多的事情，常常是我们没有珍惜身边所拥有的幸福，失去时才知道幸福是那么珍贵。

学会正面思维，积极暗示男孩

爱默生说："一个人就是他整天所想的那些。"这句话可以理解为，一个人会朝着自己想象出来的形象靠拢，通过研究你的想法，就能知道你的性格、脾气等，每个人的特性都是由他的思想决定的。而这些思想的构成和形成，又取决于这个人的心理状态。可见心理状态好时，人的思想就是积极的；心理状态糟糕时，人的思想则是消极的。所以，父母要培养男孩积极地思维、积极地暗示自己。

有一个家境贫寒、生活窘迫的孩子，不得不经常捡破烂、捡煤块贴补家用，他有几个同学总是看不起他，还有的在放学以后追打他，以此取乐。男孩每次受到惊吓或是挨了打骂，只有哭着回家，感到自卑和恐惧。后来，他读了一本名叫《罗伯特的奋斗》的书，内心受到鼓舞和启发。男孩在心理上进行了积极的自我暗示，决心勇敢反抗，给他们一点教训。这天在放学的路上，那三个恃强凌弱的孩子又跟上了他，还一起喊叫着冲向他。男孩这回没有逃跑，而是挺身迎战，一鼓作气与他们厮打起来。他终于打倒了领头的那个男孩，另外两个孩子见势不妙就赶快逃了。从此，那三个孩子再也没敢欺负他。实际上，他不比之前强壮多少，欺负他的三个孩子也没有变弱，所不同的只是男孩的心理自我暗示不同。男孩改变了自己的心理态度，也就改变了他自己的命运。

让男孩心怀积极、必胜的想法

美国亿万富翁、工业家卡内基曾经说过："一个对自己的内心有完全支配能力的人，对他自己有权获得的任何其他东西，也会有充分的支配能力。"当男孩开始拥有积极的心态，并切把自己看作未来的成功者的时候，他就已经踏上了迈向成功的道路。想要收获幸福、收获成功，就要当个像农民一样勤勤恳恳的人，教导男孩绝不能仅仅播下"几粒成功的种子"，然后就指望不劳而获，我们必须给"种子"培土施肥，给"种子"浇水，因为稍微有些疏忽，野草就会在心灵丛生，争夺土壤中的养分，成功的种子就会慢慢枯死。

鼓励男孩寻找新方法，提出新创意

有积极心态的人会去时刻寻找更好的解决途径，新观念、新创意能提高成功的可能。正如法国作家维克多·雨果所说："没有任何一样东西的威力比得上一个适时的主意。"只要自己拥有好的心态、积极的态度，要想出好主意很容易。父母要培养思想开放有创造性的男孩，不要让男孩轻易放弃自己的创意，把创意的优点和缺点彻底分析清楚再去实施。

积极的心态，让男孩的一切变得与众不同

　　人类幼年时个体差异不明显，但是长大以后能够达到的成就却千差万别，这当然和他们所在家庭的环境以及所受的教育程度有关，但更为重要的是他们对于人生的态度，只有严格要求自己、积极追求梦想的人才能成为人中龙凤。

　　生活并不全是光明和甜蜜，也充满了困难、失败和痛苦，拥有积极心态的人总是能够乐观地面对人生，勇敢地迎接困难和挑战，可以说，拥有积极心态的人已经成功了一半！

教导男孩怀有感恩的心

　　要对成功道路上帮助过自己的人们感恩，是他们让我们在前进的道路上越走越远；要让男孩对亲人感恩，是他们给了男孩温馨和爱，在成长中给予男孩无微不至的关怀，为男孩操碎了心；要学会对朋友感恩，是他们与男孩共渡难关，或分享喜乐，他们是男孩倾诉的对象，在男孩前进的道路上提供了强而有力的帮助，是他们让男孩不再孤单。

让男孩懂得健康与节制

　　让男孩拥有强健的体格，它是一切成功和希望的保障，优秀的心理素质是男孩人生幸福美满的基石。父母要牢记，体育锻炼是非常必要的，同时也要学会节制和适度！懂得适

度原则的人总是能够在迷茫时回归理性，能够在成功或失败时静下来思考成功和失败的原因，调整前进的脚步，从而理清思路，再次出发。

保持内心的平静

卡耐基说："我们内心的平静与我们生活所得到的快乐紧密相连，并不在于我们有什么，我们是什么人，或者我们在哪里，而只在于我们当前的心境如何。"自我暗示是男孩的法宝，但是这个法宝的强大魔力，必须经过长期运用才能充分显示出来。自信、具有主动意识的人必然会长期进行积极的自我心理暗示，而自卑和具有被动意识的人，却总是进行消极的自我暗示。保持内心的平静之所以是那么重要，是因为它可以让我们避免盲目、避免误入歧途。

无论是休息或是娱乐，都是为了在工作学习之余让身心回归平静，调整状态，更好地前进。

用美好的感觉、目标与信心去影响他人

随着男孩的心态日渐积极，男孩就会慢慢获得一种和谐与美满的人生感觉，信心也日渐增长，人生目标也越来越明确。同时，男孩的朋友也会被他所吸引，因为人们总是喜欢跟积极乐观的人在一起。让男孩学会运用这种积极乐观的情绪来发展良好的人际关系，久而久之，男孩的自信和积极也会影响周围的人。

发现并矫正男孩的自卑心理

强烈的自卑感会使人退缩，却也能让人奋发进取。从某种意义来说，自卑感也是走向成功的跳板。承认自卑感的存在，并设法弥补自己的不足，从而达到人生的巅峰！

自卑感可能在幼小的时候就已经形成了，所以儿童时期的教育非常重要。父母不应对孩子寄以脱离实际的过高期望，要客观地观察并了解男孩的天赋条件。要着重培养男孩的实际能力，因材施教，并设法让男孩感到心里踏实，帮助男孩建立良好的心理品质。

让男孩学会微笑

自卑和微笑天生是一对敌人，经常微笑的人很少自卑。微笑是上帝赐给人类的礼物，微笑是一种叫人愉悦的表情。面对一个微笑的男孩，人们会感到他的友好、自信，同时这种友好和自信也会感染父母。微笑是一种含意深远的表情语言。那么，如何让男孩学会微笑呢？首先，父母要经常向男孩微笑，言传身教很管用，父母的心情明朗、性格温和、对男孩友善，那么男孩也会和父母一样友好。微笑可以鼓励朋友的信心，表达的是"你好，朋友！我愿意见到你，和你在一起我感到愉快，我喜欢你"。当然，微笑必须是男孩真诚的发自内心的表白。正如英国谚语中所说："一副好的面孔将是一封介绍信。"微笑将为男孩打开通向友谊的大门。

帮助男孩矫正行为

要针对男孩的弱点逐步制订一个训练计划，并能够坚持不懈地执行下去，例如争取在集会上让男孩发言，让男孩主动接触并认识陌生人。可以预先拟定话题，对话演练，提高语言组织能力及社交技巧；也可以让男孩观察周围的人，发现别人也不是十全十美，对自己又并没有歧视的意思，也就不必再"自惭形秽"了。

帮助男孩摆脱自卑

若是男孩不能胜任的事情，不要强制让他立即去做，而是要让他先从容易的地方入手，等到获得一些自信后，再让他做比较复杂的事情，以便逐步地实现自己的目标。这就叫作系列摆脱法。对于怀有自卑感的男孩，要摆脱独自苦恼、孤立无援的状态，将自己的困惑向父母或是朋友诉说，父母要帮助男孩分忧解惑，理解、体谅他的苦恼心情，以争取周围朋友及家属的"共鸣性理解"，对男孩消除自卑感心理具有良好的作用。

集体心理治疗

对于男孩自卑感心理的克服，一般心理治疗中的分析评价、讲授对策、鼓励劝慰、说理开导等都是用得上的。心理治疗师还会把有同样经历的男孩组织成一个小组，共同探讨，相互慰藉，消除自卑，鼓励进取。对单独难以克服自卑的男孩，应鼓励其参加此类有组织的自助小组，开展自救心理治疗会有更多的裨益。若有明显的抑郁、失眠、焦虑及自主神经的功能失调，应当找医生用适当药物同时进行治疗。当自卑感伴同抑郁症、身心疾病、神经衰弱等时，最好能短期住院治疗。

不断激励男孩，坚定其成功的信念

托尔斯泰曾经说过："理想是指路明灯。"没有理想就没有坚定的方向，没有方向就没有美好的生活。一个有着坚定信念的人能够发挥的力量，可能远远超过99个意志不坚定的人能够发挥的力量。

信念是蕴藏在人的心中一团永不熄灭的火焰，信念的力量，在于即使你身处逆境，也能帮助你扬起前进的风帆；信念的伟大，在于即使你遭遇不幸，也能召唤你鼓起生活的勇气。信念是人生成功的精神基础，是一种无坚不摧的力量。著名的成功学家安东尼先生说过："信念就像地图和指南针，指引我们要去找的目标。一个没有信念的人，就好像缺少航向和马达的小汽艇，每一步都将无法前进。"

男孩需要激励

一位哲学家说过："许多人的平庸或平凡，其实与他本人的命运没有任何的关系，而是成长的过程中缺乏一个不断激励他积极向上的好环境，自我的激励和他人的赏识，往往能让一个人豪情满怀，雄心勃发。在通向卓越的路上百折不挠，义无反顾。"激励，能让男孩充分体味到自信给心灵带来的快乐；激励，能点燃男孩灵魂深处渴望成功和卓越的熊熊烈火；激励，能让男孩透过眼前的岁月看到生命未来的辉煌！所以，让激励像阳光一般，投进男孩的内心吧！

父母平常在教育男孩时，应该经常运用表扬、鼓励的方法培养男孩的自信心，让他们坚守自己的信念。鼓励的方法有很多，可以是一个赞赏的眼神，可以是握握手、拍拍肩，也可以是一个拥抱，总之，无论采取哪一种，都会让父母看到鼓励所创造的奇迹。

利用男孩的天赋进行激励

每个男孩都有他独特的思维，想他人所不能想，见他人所不能见。或许在大多数人看来，他们并没有什么优秀之处，可是就在这种平淡无奇的背后，或许就潜藏着某种独特的天赋。而父母所要做的就是激发出男孩的这种天赋，然后让他们坚守自己的信念，那么，奇迹就有可能会真的发生。

行为的重要动机就是信念

苏联心理学家克鲁捷茨基曾经指出："行为的重要动机就是信念，理想与信念有密切的联系。信念是关于社会和自然界的某些见解、原理、意识、知识，人们不怀疑其的真理性，认为它们具有不可争辩的确凿性，力图在生活中以它们为指导方针。信念不只是可理解的、容易明白的，而且还是能够深刻感受到的、体验到的。"

一个男孩的出身并不能决定他的将来，一个男孩的起点也不能决定他一生的发展。在男孩成长的过程当中，需要父母给予男孩充分的信任和肯定，激发他们勇于进取、不断追求的坚定信念。然而，信念并不是男孩天生就具备的气魄，需要父母后天的培养和教育。如果父母能时刻告诫孩子"天生我材必有用"的道理，那么，孩子就可能把自身的能力和潜力发挥到极致，所有的男孩都可能成为天才。

培养积极的人生态度，从幽默感开始

　　钱仁康说："幽默是一切智慧的光芒，照耀在古今中外哲人的灵性中间。"凡是具有幽默素养的人，都非常聪敏颖悟，他们会用幽默来化解困难，把每一件事做得恰到好处。

　　幽默感对于培养人的自信是非常重要的，对于一个男孩来说尤为重要。我们可以想象一下，一个缺乏幽默感的男孩会有怎样的生活。

培养男孩的幽默感

　　要培养男孩幽默的性格，就要培养男孩乐观向上的心态，告诉他看事情要往积极的一面想，而不是一味地悲观失望。真正幽默的男孩不怕嘲笑，而且非常善于自嘲，这种自嘲是建立在自信的基础之上。幽默感往往藏身于字里行间，通过戏剧化的手法表现出来。父母要培养男孩的幽默感，就需要让他用心体会，让他通过欣赏幽默来提高自己的思维能力。

让男孩讲述小笑话

　　男孩回家后讲述的小笑话，父母应注意倾听，并跟着他一起笑，这是父母对男孩的幽默感做出的一种肯定表示。如果男孩有足够的幽默感，父母还可引导男孩编制幽默故事，或改编电视剧、电影，添加一个令人捧腹的结局。若学校里举办有关"幽默故事"的演讲或写作比赛等能起到增强男孩幽默感的活动，父母应当予以支持。

提升男孩的语言表达能力

丰富的词汇有助于男孩表达幽默的想法，而词汇贫乏会导致语言表达能力很差，就会无法达到幽默的效果，所以父母在平时要陪男孩多读些书，可以是幽默的故事、脑筋急转弯等，这些都可以丰富男孩的词汇，同时将男孩的思维训练得更加敏捷。幽默来自人们丰富的内涵，随着知识面的拓宽、阅历的增加，举止谈吐自然就会相应地有所改变。父母不要为男孩过于担心，丰富男孩的内心世界是一个长期的过程，而真正的幽默是自然的流露和表达，这需要长久地训练。

培养男孩的想象力

无论观察动物、植物、人物，还是观看漫画、书籍、表演，父母都要努力引导男孩立足观察的基础上，再加以合理的想象。想象着他们在表演、对话、运动，想象他们在生命的旅途中，在历史长河中曾经或将要遇到什么。通常男孩都会很喜欢这种发挥想象力的游戏，例如想象植物和动物都会说话。是的，孩童的世界，应该是充满智慧和灵性的天地。人间万象、天地万物都会诉说最深刻、最生动的故事。

不要当众指责男孩的过失

　　每个男孩身上都有缺点，父母没有必要太过在意，尤其不能在众人面前指责男孩的过失，否则会使男孩很受伤，这对男孩的健康成长是没有好处的。

　　男孩到了某个年龄，已经有了分辨对错的能力，有时会为做错事而觉得羞耻。对于自身的缺点，不想让外人知道。不要认为男孩不会在意父母揭短，就当着大家的面任意说他的缺点。殊不知，这样做会严重伤害男孩的自尊心，给男孩的内心留下阴影，这种做法是不明智的。

别人夸奖男孩，父母默认便是

　　很多父母喜欢互相夸别人家的男孩，特别是在大人们一起聊天的时候，夸奖别人的男孩也是获得男孩父母好感的重要手段。当你的男孩被人夸赞时，如果你不是那么认同，也没有必要马上就去纠正，更没必要连带男孩的缺点一同说出来；如果你认同就附和别的父母的赞赏，这会让你的男孩会非常高兴。比如，别人当着你的面说："你们家的孩子做事利索得很，真灵巧！"你可以接话说："是啊，确实挺灵巧。"男孩听了这些话，一定会感到高兴。日后，会比以往表现得更好，也会想办法使自己变得更好。

私下指出男孩的毛病和缺点

发现男孩的缺点或毛病，父母如果不指出来是不负责任的表现，但指出来也要注意场合。不要在众人面前指出男孩的缺点，如果有其他人在场，即使男孩确实做得不好，也不可以大张旗鼓地批评。父母可以给男孩一个善意的暗示，回到家以后再和男孩好好说。这样做就会给男孩留下很好的印象，就会感觉父母能够照顾自己的感受，就会虚心地改正自己的错误。

指出男孩缺点时要语气平和

有些父母发现孩子的缺点后很容易生气，然后责骂、批评孩子，希望男孩马上改正缺点，但是结果却使男孩的自尊心受到严重伤害，男孩也会因为自己的缺点感到自卑和羞耻。例如，有个男孩天生高度近视，东西要放到鼻子跟前才能看得清。爸爸见了又恨又气，总是骂道："什么东西你都要拿到鼻子底下去闻，成瞎子了！"如果爸爸总是这样有意无意地在别人面前揭露男孩的缺点，那么只能使男孩感到羞辱。有的男孩虽然年纪尚小，觉察不到自己的缺点，但父母这么做，仍然会伤害他们的强烈的自尊心。如果使男孩经常听到这样的话，男孩往往会觉得自己一无是处，进而产生自卑的心理。

调整心态，以平常心看待男孩的缺点

每个男孩身上都有缺点，如果父母过分在意自己家男孩的缺点，那么男孩的一丁点毛病都会被看成是大的问题，这样的话，父母看到男孩的缺点就会忍不住去指责。如果父母用平常心看待男孩的缺点，那么对男孩的缺点就不会那么在意。这样，父母就会抱着理解的心态去帮助男孩改正缺点，而不是无缘无故地在众人面前揭男孩的短。

引导男孩说出自己的内心话

　　许多父母在教育男孩的过程中会发现，男孩在面对陌生的环境或陌生人时，往往表现得拘谨畏缩，不敢表达出自己的想法，这时父母要帮助他们勇敢地说出内心的想法。

　　如果是独生子，很多时候会独自一个人玩耍，缺乏与其他孩子的交往，逐渐导致难以适应新环境。有的男孩在幼儿园上学，甚至想要大小便都不敢跟老师说，总是自己憋着，身体不舒服也不和老师讲，回家以后才跟父母说，这种现象在心理学上被称作"失语行为"。这类男孩生来适应能力就差，不愿意与人接触，特别容易对新环境感到陌生和拘谨，若是想让男孩勉强适应，这个适应过程会艰难而且缓慢。

尊重男孩的隐私

　　即使面对最友好、最开放的父母，男孩还是有他自己的秘密，特别是在青少年时期，他开始学着不再依赖父母，越来越多地依靠朋友。父母应该做的就是让男孩知道，你们永远在他身边。对男孩吐露的心声，父母要替他保密，随意谈论他的秘密可能使他对你们失去信任。父母总会有犯错误的时候，及时弥补就会显得极其重要。父母要肯放下架子，主动恰当地向男孩承认错误。

创造机会和男孩谈谈

不管是不是男孩的错，如果父母想要男孩将身边发生的事情告诉他，寻根究底的盘问可不是办法。此外，不要过早地下结论，要等待男孩把事情全部说完。听完他讲的事情，更重要的是引导男孩自己发现问题的答案或者解决办法。随着男孩的不断成熟，父母应给男孩更多独立思考解决问题的机会。

"孩子，让我们来谈谈！"如果父母的谈话是这样开始的，往往结果是只有父母说话。然而，在你们一起开车回家的路上，打完篮球、出外旅游，或周末一起逛超市、洗衣服时，往往是男孩喋喋不休、滔滔不绝的时候。要想多了解男孩的生活，就要多创造这些对男孩没有压力、和父母一起活动的机会。当父母真的需要问问题的时候，也要以民主平等的态度与其交流，才不会激发男孩的逆反心理。

父母要控制自己的失望情绪

当男孩告诉父母他做错了事，或者做事失败的时候，即使父母和男孩一样失望，也不能在这种情况下表现得过于失望，否则会加深男孩的挫败感。男孩最担心因为他们的错误行为而失去父母的爱，所以父母要特别注意鼓励男孩养成主动承认错误的好习惯。当男孩做错了事或者失败的时候，父母首先必须对男孩敢于承认错误或面对失败的表现表示肯定，耐心地倾听，再与男孩共同探讨，分析原因。

让男孩感到自己的重要和被需要

　　父母对于男孩，除经济投资以外，更重要的是情感的投资，用智慧解开男孩的心灵之锁。父母要站在和男孩平等的角度考虑问题，凭借技巧和耐心让男孩敞开心扉，深入了解男孩的内心想法。

　　父母要学会适当满足男孩的心理，既不做过于严格的要求，也不要过多地放纵男孩。

让男孩感到自己的重要与被需要

　　作为正常人，我们都有这样的一种需求，即受到他人的重视，感觉到自己是他人生活中不可或缺的一员。这是普通人的自我意识的核心。如果父母能满足男孩心中的这一欲望，男孩就会对自己，也会对父母抱有积极的态度，形成轻松和睦的氛围。正如美国19世纪哲学家兼诗人拉尔夫·沃尔多·爱默生所说："人生最美丽的补偿之一，就是人们真诚地帮助他人之后，同时也就帮助了自己。"在大多数情况下，你怎样对别人，别人就怎样对你，就像那个讲述两个不同的人迁移到同一小镇的故事一样。

　　有一个人到了市郊，在一个加油站点停下来问一位职员："附近这个村里的人怎么样？"加油站职员反问道："你从前住的那个村的人怎么样？"第一个问答："他们很不友好，真是糟透了。"于是加油站的职员说："哦，那这个村的人也是一样。"过了些时候，第二个驾车人驶进同一加油站，又问了职员同一个问题："这个村的人怎么样？"那个职员也是同样反问道："你从前住的那个村的人怎么样？"第二个人回答说："他们真的十分友好，好极了。"加油站职员于是说："你会发现我们这个村的人也是一样。"因为那个职员懂得，你对他人的态度跟他人对你的态度是一样的。

以身作则，用自己的言行来影响男孩

父母一定要以身作则，用自己的言行来影响男孩。父母处理事情的方式就是孩子学习的榜样，要改变家庭中的不良沟通相处模式，使家庭关系健康和谐地发展。年幼男孩的语言表达能力不完善，父母可以借用游戏的方法与男孩进行沟通，让男孩自然地表露和疏泄情绪，使男孩的情绪得到充分表达和放松。教育男孩学会从不同的角度来考虑问题，多回忆愉快、积极向上的生活体验，以积极主动的心态看待问题，从而使男孩的行为和情绪得到改善。

理解问题男孩的感受和情绪

男孩感到情绪焦虑与不安时，父母不妨让他找好朋友诉说，或是找心理医生咨询，也可以让男孩一个人面对墙壁诉说胸中的郁闷，或者通过写日记的方式把自己想说的话讲出来，这样一来心情就会好很多。除了家庭环境的影响外，教育环境对男孩的影响也非常重要。老师应理解问题男孩的感受和情绪，应注意支持和鼓励这些有问题的男孩，发现他们好的一面，给予表扬和接受，提高男孩的自信心。同时，要耐心和细心地教育引导，帮助男孩克制情绪上的障碍，树立坚强、勇敢、健全的性格，鼓励他们改善情绪，积极参加户外集体活动，让他们能够更好地适应环境。

Part 08
第八章

男孩健康成长
离不开好环境

古时候，孟子的母亲为了给孟子的成长提供一个好的环境，三次搬家，最终在一所学校旁定居，被誉为古代父母关注男孩成长环境的经典。其实，现在很多父母对儿女成长环境的关注，比起孟母来可谓是有过之而无不及。不过，现代父母的行为更确切地说是"择房"，而不是"择邻"。然而，父母在关注生活环境的同时，是否考虑过周边环境对男孩成长教育的影响？

为男孩营造良好的家庭氛围

　　孩子的性格和习惯的形成与环境是息息相关的，如何培养男孩良好的学习习惯，如何营造轻松、和谐的家庭氛围，这是每对父母、每个家庭都要深入研究和探讨的问题。

　　罗素在《婚姻革命》中说："如果想让男孩长成一个无畏、快乐、大度的人，那么男孩就需要从周围的环境中得到温暖，而这种温暖只能来自父母的爱情。"每个男孩都向往安宁、和睦的家庭环境，良好的亲子关系是建立在平等、信任、民主、爱和尊重的和谐氛围之上的，因此，营造一个有利于男孩成长的家庭环境，让男孩在充分的关爱和理解中成长，这是每个父母应尽的责任。

营造充满学习与文化的氛围

　　所有的父母都是向儿女传播文化的媒介，不同的家庭文化培养出来的男孩的气质都不同。父母要经常反省自己的知识储备够不够，道德修养够不够，教育能量够不够。有些父母反映男孩的自制力差，作业总不能按时完成，而且还喜欢上网看电视，其实父母生活中也有同样的习惯。试想，如果父母在房间里津津有味地看电视，怎么能要求男孩专心致志地做作业呢？家庭中浓浓的文化氛围的建立，对于提升男孩的底蕴与气质功不可没。

不要对男孩管得过细

父母不要包办男孩的一切事务，不应该认为只要是孩子的事情就是自己责任范围之内的事情。男孩未来的路是需要靠自己走的，父母不可能陪伴他们一辈子，所以应该多给男孩一些自由的发展空间。

许多父母都认为，学习成绩的好坏几乎关系到男孩一生的成败，但心理学家却并不那么认为，在心理学家看来，比成绩更重要的是男孩的自尊。每个人都有自尊心，高中生最渴望父母能够真正走进自己心里，了解自己的兴趣爱好、喜怒哀乐、思想动态，从而支持、理解自己的追求和选择。可惜，很多做父母的并不知道这一点。他们只关心男孩的生活、成绩，却不去了解男孩丰富的内心世界。只知道分、分、分，考好了，他们就高兴；考不好，就开始训斥、指责，从来没有在意孩子开不开心。

对男孩的期望值要合乎实际

中国人奉行"望子成龙"的思想，大多数父母对男孩的期望值很高，只有少数父母认为对男孩的期望不能强求，应该顺其自然。望女成凤、望子成龙的美好愿望本是无可厚非的，但对男孩的期望值过高却会带来一系列的负面影响。

总之，在家庭生活中，父母不仅要了解男孩的学习成绩，还要了解男孩的心理发展，对男孩应少一些责怪，多一些支持和理解，营造和谐美好的家庭氛围。如果家庭中经常充满欢声笑语，氛围和谐美好，男孩生活在其中，身心就能健康地成长。

男孩的成长更需要鼓励和肯定

男孩真正需要的其实是内在的奖励，并不是一定要拿什么具体的物质的东西来奖励，只要给男孩一点鼓励，男孩就能感受到父母是多么信任他的能力。赏识和鼓励教育是世界著名的教育方法之一，其基本理念是：没有教不好的男孩，只有不会教的父母。

正如农民都希望自己的庄稼快快长高和成熟一样，父母也希望自己的男孩能早日成才，这两种心情完全是一致的，但做法却是截然不同的。如果庄稼长势不够好，农民总是会从自己身上找出原因，是水没浇够还是肥料没施好？而面对出现问题的男孩时，父母却很少能做到反思自己的问题，更多的则是对男孩进行训斥和批评。做法相反，那么获得的结果当然也会是相去甚远。其实，当男孩出现问题时，如果父母能够耐心地鼓励孩子们一番，那么结果则肯定会是大大不同。鼓励是赏识教育中最为重要的一个环节，就像一道神奇的光，照射着男孩的心灵，让他们变得心明眼亮，从而找到一条宽敞而笔直的人生之路。

相信每个男孩都有无限的潜能

只要仔细观察，我们就会发现每个男孩身上都有无限的潜能，父母要相信只要经过适当的开发，任何事他们都可能学会。所以，当他们在生活、学习和人际交往中遭遇挫折或遇到问题时，父母不要总是批评和指责，而是要耐心地给予一些支持和鼓励，这样会让男孩产生一种积极向上的动力，这种动力会帮助他们克服人生中各种各样的困难。

鼓励男孩是父母每天都要做的功课

男孩的成功和成才不是一朝一夕的事，而父母的鼓励也不是三言两语的事情，父母应该将这两件事都当作艰巨而长期的任务来完成。男孩处于成长阶段，他们的能力需要不断地提高和培养，他们的价值观也是在不断地完善和建立，同时，他们的错误更是随时随地都可能发生。这些都需要父母耐心鼓励和帮助，想要一蹴而就是不现实的，也是不可能的。

鼓励男孩也要分清时势

鼓励并不代表一味地夸赞孩子"真聪明、真棒"，更重要的是父母要学会审时度势，即不同情况下要采用不同的方式，这样才会获得最佳的教育效果。

1. 男孩遇到困难时，父母应该说：不要气馁，相信你肯定能行；失败是成功之母，没有败哪来的成功；你需要妈妈做什么？妈妈会全力支持你！

2. 当男孩犯错时，父母应该说：没关系，知道错了改正就是好样的；爸爸妈妈也都有犯错的时候，重新再来，没关系！

3. 当男孩有需求时，父母应该说：我们会尽量满足你的，如果你是真的需要、真的想去努力的话。男孩为什么需要这个呢？这需要让男孩亲口说出来，和父母一起研究。

4. 当男孩取得进步时，父母应该说：祝贺你孩子，你真棒；你的付出终于有了回报；我们为你感到自豪和骄傲！

5. 当男孩成绩不理想时，父母应该说：我们知道你已经努力了，相信你以后一定会做得更好；其他方面你都很优秀，说明你一点儿都不笨，只要你多用心就好了！

支持男孩对周围环境的探索和爱好

生活中，我们常常发现有的父母粗暴地强制孩子放弃某些爱好，强迫男孩去做他们根本不感兴趣的事情，这一类父母的做法是非常不明智的。

只要男孩的兴趣爱好不会对自己或别人造成伤害，父母就应当加以保护和鼓励，并且尊重男孩的兴趣和爱好，因为男孩的兴趣爱好是引导男孩获取知识、开发智力、培养能力的有利条件。父母应该从小鼓励、发现和培养男孩有一种或多种爱好，这样会使男孩的人生变得丰富多彩，充满期待和乐趣，对人的一生都有非常积极的作用。在男孩选择兴趣爱好时，固然需要父母的指引，但绝不可以代替男孩。

不要限制男孩对周围环境的探索爱好

男孩天生有创造力和好奇心，不要限制男孩对周围环境的探索爱好。无论父母承认与否，有时父母经常在不经意间挫败男孩的这些能力。很多父母不喜欢或不同意男孩的爱好，总试图说服甚至是逼迫男孩做我们喜欢的或我们认为他应该喜欢的事。

西晋时，左思的父亲左熹一心想让孩子学书法，不惜花重金聘请名家来给左思指导。可左思一点兴趣都没有，最后学无所成。左熹又让左思学琴，学了很长一段时间竟还是不能弹出一支像样的曲子。这时左熹从失败中领悟到，孩子没有进步是因为他本身不感兴趣所致，此后，左熹懂得了尊重孩子的特点，根据孩子记忆力好、性格内向，以及对文学有特殊偏好的特点，对孩子因材施教让其学赋诗。左思进步神速，如鱼得水。没出几年，他写得一手漂亮的文章，最终成为西晋著名的文学家。

明代的大医学家李时珍的父亲李言闻屡试不第，于是将自己走上仕途的希望寄托在自己的儿子李时珍的身上，而李时珍对八股文并不是太感兴趣，却酷爱医学。可是那时候在"父权"的时代，孩子只好从命攻读八股文，结果三次科考不中，时已24岁的李时珍感到再也不能虚度光阴了，说服父亲同意他弃文从医，终成大医学家。

家庭教育的空间一定要留给男孩

有很多父母剥夺了属于男孩的提升空间，不给男孩任何发展的机会。其实教育是多层次、多角度、全方位的，智力开发固然很重要，而非智力因素教育的培养更是衡量男孩能否成才的标志，人的兴趣和个性要得到较充分的发挥，所以父母要尊重男孩的兴趣爱好。即使男孩的这种兴趣爱好可能与父母的期望有差距，但只要是男孩正当的嗜好，父母就应该尊重。因为男孩在做自己感兴趣和喜欢的事情时，他的创造力才有可能得到充分的施展和发挥，他的认真、持之以恒、专注的意志和品质也才可以得到锻炼，才有利于男孩的成长。

善于发现，为男孩创造条件

父母要善于发现男孩的兴趣爱好，并试着引导男孩多在兴趣方面下功夫，尽可能地为男孩创造机会，创造条件，让男孩无忧无虑地在自己喜爱的天地里遨游。这样能激发出男孩的最大潜能，从而在某一领域取得较为突出的成就。那么，父母如何发现男孩的兴趣呢？这就首先需要父母养成仔细观察男孩的习惯，男孩反反复复做的事情通常就是他们最感兴趣的事情；其次，父母应该站在一个平等的立场上与男孩沟通，多听听男孩的想法，多问问男孩喜欢做什么，或许父母可以从男孩天真的回答里发现孩子的兴趣所在。

男孩乐观开朗的性格的形成，离不开父母的指引

一位著名的哲人曾经说："一个人的命运就在他的性格中。一个人的一生是否能有作为，是否能够成功，是否能够幸福，起决定性作用的因素通常是性格，而非智力。

人与人的差别首先表现在性格上，性格是人们在社会生活实践过程当中逐步形成的。由于每个人所处的客观环境不同，后天所受影响就不同，形成了各种各样不同类型的性格。人的智能开发是否科学，是否完善和全面，只能决定智力的高低，而人的品质性格如何则会决定人生的命运。因此，父母要想培养有所作为的杰出男孩，一定要从小注意对男孩良好性格的塑造！

乐观开朗是一种健康积极的生活态度

乐观开朗不仅仅是一种优秀的性格特征，也是一种积极的生活态度。对于大多男孩来说，乐观开朗能够让他们收获更多的幸福和快乐，也能够成为男孩取得成功的催化剂。所以，父母要从小培养他们乐观开朗的性格，让男孩每一天都生活在快乐之中。乐观是一种性格，也是一种心境，更是一种健康积极的生活态度。

"悲观"和"乐观"本是一对孪生兄弟，爸爸心里总是比较喜欢"悲观"，给他买了很多玩具，却把"乐观"锁进了一个堆满稻草的马厩里。第二天早上，爸爸听到"悲观"

在伤心地号啕大哭。于是，爸爸赶快安慰他说："不要哭了孩子，我昨天给你买的新玩具呢？快去玩吧。""悲观"哭着说道："爸爸，不好玩，那些玩具很快会被玩坏的。"爸爸又去马厩看第二个孩子。他发现"乐观"正在高兴地扯稻草，便问他在做什么。乐观有些自豪地说："这些稻草里面说不定还会有一匹小马，我要把它掏出来。"

让男孩从小事做起，从一点一滴做起

一位诗人曾经说过："滴水见精神，越是微小的事情越能够观察出一个人的品质，显示出一个人的灵魂。"事实上，的确是这样，我们每个人的个人修养气质都体现在小事之中，例如看到朋友打招呼问好、在公交车上给老人让座、被人误解时宽容他人等。所以，父母在培养男孩的个人修养时，应该从小的事情做起，从一点一滴做起。等男孩把这些生活中需要的好品质养成了习惯，那么，他们的个人修养气质也会得到很大的提高。

环境对男孩的影响

有一句成语说："近朱者赤，近墨者黑。"同样，在现实生活当中，男孩也是一样，父母营造的环境质量好，那么熏陶出来孩子的品质和习惯也好。人们在成长的过程当中难免会相互影响，而这种影响在低龄孩子中表现得尤为突出。后天良好的环境和氛围能够熏陶影响和弥补男孩的先天不足，诱发男孩的内在潜能，引导男孩向良好的方向发展。

体育训练可以塑造男孩的集体主义观念

在现代社会中，人们十分看重团队精神，而体育锻炼有益于培养男孩的集体主义观念。在集体运动项目中，男孩必须具有高度的集体责任感，要注意时时为集体着想，事事从集体的利益出发。例如在篮球场上，5个队友必须共同努力，打好配合，认真找机会投篮，但如果其中一个人只顾表现自己，不和其他人配合，那么其他4个队员就算再努力也没用，这样的表现只会让全队士气下降。

男孩是父母的一面"镜子"

　　理想的自我概念意识是个体所希望的自我形象，人格很重要的方面是现实与自我之间的和谐，以及理想的自我与自我之间的和谐。

　　孩子是上天赐给每个家庭的最好的礼物，他们就像花朵需要雨露和阳光一样，需要父母长辈的关爱。父母是孩子的第一位老师，也是对他影响最深的人，父母拥有的一些性格，孩子也会继承下来，所以父母必须注意检点自己的行为，做孩子的好榜样。

男孩是父母的一面"镜子"

　　男孩的品行表现是父母的一面"镜子"，时刻提醒着每位父母。在男孩面前，父母要注意自身言行，要做到"言必信，行必果"，讲究"诚信"二字。否则，不仅父母在男孩的心中会大打折扣，男孩还会去欺骗他人。时间一长，可能就会出现难以估计的后果，再挽回或许就会困难重重。因此，要想使男孩形成健康的人格，父母需要像辛勤的园丁那样，从男孩一出生开始，不断地用爱和理解的阳光雨露去滋润男孩的心田；父母自身需要不断地完善，为男孩做出真正的表率。

做孩子坚强的后盾

人生无常，难免会遇到挫折，在男孩遇到困难和挫折时，要加倍地体贴他们，鼓励他们不可气馁，让他们知道逆境和挫折是人生的必修课，男孩只有在风风雨雨中磨砺，心智才能走向成熟。通过艰辛和努力所获得的成功，才能真正有幸福感，也才能更加珍惜。只有教会男孩用积极的心态去面对困难，勇敢地去克服和解决困难，他们长大以后才有勇往直前、乘风破浪的能力；也更懂得关心他人，尊重他人，更加珍惜他人的劳动成果。

培养男孩健康的人格

妈妈对男孩不能完全忽视也不能溺爱，给予男孩适当的爱才是最主要的。"神圣"妈妈与"最糟"妈妈都不能称之为"好妈妈"。国内外的多项研究调查显示，那些自尊自信的男孩，无论其学业还是人际关系等往往较同龄人更优秀，其面对挫折困难时的心理承受能力也更高。首先，是对男孩的信任和理解，这不仅是男孩自信心和自尊心树立的基础，更能让男孩找到自我价值，初步建立人生观。因此，作为父母，要多与男孩做无拘无束的交流和沟通，充分给予男孩参与家庭讨论、发表个人见解的机会。随着年龄的增长，男孩的心理素质、生活技能等才会一步步成熟起来。

父母用心，男孩才能更聪明

我们经常听到有些父母抱怨自己男孩的智力水平低，不知道如何培养男孩的智力。其实，并不是非得父母的水平很高才能够教育好男孩。父母只有多用心，孩子才能更聪明。

培养智力并不等同于传授知识，不等于教男孩背诵多少个英文单词或多少条数学定律。其实培养男孩的智力不在于父母的水平有多么高，而在于与男孩相处的过程中如何通过日常活动、游戏有意识地引导男孩。那么在普通的家庭里，父母的知识水平都不高的情况下，如何教育好男孩，是许多父母颇为关心的。

让男孩尽早尽多地接触世界

俗话说，"见多识广"，父母应该设法让男孩尽早多接触和见识一切可以接触到或可以见到的东西，使其尽早尽多地认识和了解世界上的万事万物。父母要设法满足男孩的好奇心，多给男孩创造有利的学习条件，使其多听、多看。在男孩幼小的时候多给其提供一些玩具，在没有危险的情况下多让男孩接触一些东西，有意让孩子发现一些小奥秘；等他大一点后，领着孩子去郊游，去看高山，去看大海，欣赏一下大自然，感受各种不同的环境。这样不仅可以有效地刺激男孩的不同感官，对促进男孩大脑的发育，进而开发智力、开阔孩子的眼界都很有好处，能够为将来男孩的学习和生活做好基础性的储备。

启发男孩的思维

要善于启发男孩的思维，善待男孩的"为什么"。男孩总是会对新鲜的事物感到好奇，但是男孩的知识和经验又无法解答这一切，所以就喜欢向父母问这问那。当男孩提出为什么时，父母要表扬男孩肯动脑筋。父母千万不能嫌麻烦，要多加鼓励、表扬男孩肯动脑筋，同时，要认真地和男孩一起探寻问题的答案。给男孩解答问题的同时，要多采用启发的方式。当男孩提出一个问题时，如果问题不简单，考虑到男孩回答不出来，可以直接把答案先告诉男孩。如果问题比较简单，男孩自己动脑筋后能够回答，父母则先不要将问题的答案给说出来，而要对男孩进行启发，鼓励男孩从多个角度去思考、观察。

利用发散性思维丰富男孩的想象力

利用发散性思维丰富男孩的想象力。俄国教育家乌申斯基说："强烈的活跃的想象力是伟大智慧不可缺少的属性。"父母不但要注意培养孩子思维的深度，而且要培养孩子思维的灵活性。既要学会针对同一个问题，寻求不同的解决问题的办法，也要学会用一种方法解决不同的问题。提高男孩的想象力，可以从以下几个方面进行努力。指导男孩头脑中丰富的表象储存，外界表象事物是在人头脑中留下的影像，是形象的、具体的。可以带男孩到郊区游览、去博物馆参观、走亲访友或参加各种公益活动等，都可以让男孩记住许许多多的表象。为了记得准，记得多，记得牢，可以让男孩通过写日记或者用语言描述把头脑中的表象再现出来。父母可以找一件生活用品或学习用品，让男孩尽可能多地说出它的用途，如一块橡皮除了擦错别字还可以有哪些用途呢？鼓励男孩想出得越多越好。如有几个孩子在一起，可以比比看谁说出的用途更多。

一家人要经常在一起讨论、读书、学习

　　环境对一个男孩的成长具有很大的影响，它对于孩子具有耳濡目染、潜移默化的力量，环境是立体化的，完全是"三维教材"。就像变色龙在不同的环境中会将自己的身体改变成不同的颜色一样，男孩在不同的环境中也会形成不同的个性。

　　研究表明，大多数孩子成年后的某些问题及行为，都源于儿童时期的成长环境和成长经历。任何一个人的个性和习惯，追本溯源，都可以从他的童年时期甚至幼儿时期找出影子。这种不容易为人所知的潜意识活动有着较为强大的力量，它将在很大程度上决定一个孩子的性格特征。

为男孩建立平等、民主的家庭氛围

　　男孩从出生起就是家庭的一员。父母要给男孩传递一种感受，那就是男孩与家庭的其他任何一个成员都是平等的关系，大家要互爱互助，必须让男孩懂得关爱、帮助其他人，而不是单向地去索取。另一方面，家庭生活中要让男孩感受到充分的民主，而不是父母的权威和专制。

　　男孩在这种宽松、平等、民主的家庭环境中成长起来，会形成健康、乐观的人格和心态，生活得幸福快乐。

小宇今年 5 岁了，他生长在一个非常民主、氛围非常和谐的家庭里，平时父母有什么事情经常征询小宇的意见和看法。即便是买棒球手套这样的一件小事，爸爸也要对儿子说："小宇，爸爸想买一双棒球手套，你看怎么样？"小宇就会说："爸爸，您要是能给我也来一双就更好了，我们一起去运动。"妈妈也常常问小宇："小宇，说说今天你想吃什么？"小宇可能会说："糖醋鱼，爷爷最爱吃。"这样的对话经常出现在小宇的家庭里。爸爸说："小宇有一颗开朗、宽容的心，也一直很聪明，他使家庭更加其乐融融。"

父母要为男孩创造良好的学习环境

瑞典教育学家爱伦凯指出："环境对一个孩子的成长起着非常重要的作用，良好的环境是孩子形成优秀人格和正确思想的基础。"《三字经》中有"昔孟母，择邻处；子不学，断机杼"的名言警句，孟母"三迁择邻"的故事脍炙人口，被人们传诵至今。在日常生活中，父母若想让男孩爱上学习和看书，就必须为男孩创造一个浓厚的学习环境和氛围。在这种环境和氛围中，男孩会渐渐变得喜欢阅读、热爱知识、勤于思考。

父母要为男孩创造良好的学习氛围

一个良好的学习氛围是十分必要的，父母要给男孩准备好各种各样的学习用具，一家人也要经常坐在一起讨论、读书、学习， 起动手做一些玩具小实验等，并不断鼓励男孩。父母要给男孩准备好小书桌、小书柜、科技百宝箱、玩具柜、大地图、地球仪、科学实验器具等。生活环境要优美整洁，特别是男孩的生活环境要有色彩鲜艳的图案、优美的书法作品、美丽的风景画等，"好宝宝 / 好孩子表扬栏"对男孩更有积极的鼓励作用。当然，别忘记给男孩设立一个锻炼身体的环境，如活动室等。

单亲家庭应向男孩耐心解释些什么

男孩的健康成长，离不开良好的家庭教育环境。而在家庭教育环境的诸多因素中，家庭结构的完整也很重要。家庭破裂、父母离异的确会严重影响孩子的心理健康，所以单亲家庭在教育子女时要花费更多的精力。

据有关资料统计显示，中国离婚率已呈逐年增高的趋势，特别是在大城市，单亲家庭越来越多。因此，一方面我们呼吁父母要注重加强婚姻的稳固与和谐，慎重做出结束婚姻关系的抉择；另一方面，离异后的父母也要根据家庭变故的现实，解决好孩子的教育问题。

单亲父母应向男孩耐心解释造成不完整家庭的原因

现在有不少离异的父母，为了避免不愉快情绪的产生，选择尽量避免讨论他们离婚的事情，不愿和孩子耐心地解释。但是男孩在和同学或是其他人的交往中，常常不得不面对这样一些问题，对一些有关父母离异这方面的询问。男孩若是没有一定的心理准备，往往会不知所措。所以，单亲家庭的父母应当依据男孩的年龄、性格等因素，以男孩最能接受的方式，真诚、平静、耐心、自信地向男孩解释自己离异的原因，以求得男孩的理解，并教会男孩应付各种有关的询问，保护好男孩的自尊心和自信心。

单亲家庭的父母对男孩的教育不可不慎

单亲家庭的父母必须慎重对待男孩的教育问题，选择较为科学的教育方式。首先，父母注意不要过度地保护男孩。父母在离异或者丧偶之后，不太愿意向男孩表达出自己的感情问题，一是怕男孩理解不了，影响男孩的心理，使男孩有心理压力；二是怕男孩有诸多问题，而自己不好回答。可是，父母不知道这样做会使男孩更加疑惑父母的离异行为，使得男孩的心理压力更大。再者作为父母认为男孩少了另一半的爱，常常会把自己所有的爱和感情倾注在男孩身上，对男孩关怀备至，使男孩饭来张口，衣来伸手，不必为自己的生活学业和安排计划操心，一切自有父母代作主张。殊不知，日子一久，男孩的依赖性会变得更强。在这种环境下成长起来的男孩，就会变得依赖、脆弱，缺乏独立意识和主见，一旦离开了父母，便茫然不知所措。

不要给男孩造成太大的精神负担

缺少了配偶，不少父母把男孩当作自己唯一的精神寄托。而在这种环境下成长的男孩，往往有着比常人更大的精神压力，心理上的负担也显得很沉重。有些心理素质不好的男孩，承受不了这种心理上的压力，索性不思进取，自甘堕落。这种有意无意地行为其实是想让父母更在乎自己，希望父母能够重归于好，再次建立美满的家庭，而不是继续像这样吵闹，使自己能够喘口气，没有那么大的压力。还有一些男孩为了不让父母失望，坚持发奋努力，但是大脑长期保持超负荷运作，对男孩所造成的潜在的心理损伤也不可忽视。一旦超出了承受的极限，便有可能走向崩溃，结果可能会更糟。父母要做的是尽快回归正常的生活轨道，即便离异也要用积极健康的心态面对明天，用这样的精神感染男孩，也可以帮助男孩多交一些朋友，让男孩把朋友请到家中来玩，以弥补亲情的不足，使男孩的身心能够健康成长。

单亲家庭的父母要注意男孩健康人格的教育

对于单亲家庭的父母来说，要特别注意弥补男孩由于缺少母爱或父爱所带来的消极影响。比如对缺少父爱的男孩，母亲要加强他们的自主、勇敢、果断、独立等人格方面的教育，让他们多看看关于表现男性优秀品质的影视片与书籍，并有意识地带他们多接触一些自信的、有责任心、成熟的成年男子，如男同事、老师等，以免形成阴暗心理。

作为父母，您清楚男孩的生理变化吗

　　青春期是孩子走向成年的过渡时期，主要标志就是性成熟和性发育，男孩要经历心理和躯体上的急剧变化，是青少年社会化的一个重要时期。

　　青春期性生理发育和成熟的速度因人而异，一些男孩只需1年左右，另一些长达5～6年或是更久。青春期的发育速度受到诸多因素的影响，如家族遗传、家庭环境、社会环境、经济条件、地理环境、营养情况、身体脂肪的比例及其他因素等。

了解男孩性心理的萌生

　　随着男孩身体的增长，性器官也逐渐变得成熟起来，比如男孩到十多岁的时候身体肌肉趋向健壮有力，身高迅速增长，喉结突出，骨骼变硬，嗓音变粗，出现胡须，这些通常会引起性意识上的觉醒，再加之一些小说和电视剧的影响，男孩对两性之间的不同会有更深的了解。所有这些都是男孩心理发展的正常现象，父母可以引导男孩不必感到困惑、羞涩，男孩之间也要友好、坦诚，如此才能让男孩和别人友好相处。

了解男孩生理上的变化

　　在青春期，随着生理上出现的一些变化，男孩在心理上也开始悄悄有了转变，随着性腺活动的变化，男孩除了出现遗精外，也可能会发生其他方面的正常心理活动，如强烈的性幻想。一些男孩对自己的生理发育速度，对自己生殖器阴茎的形态和大小感到忧虑，这是来源于对青春期发育知识缺乏了解。下面可以简单了解一下，青春期的发育通常可以分为三个阶段：

1. 青春前期为 10 ~ 13 岁，是男孩发育最快的阶段；

2. 性征发育时期为 13 ~ 17 岁，以第二性征和生殖器官明显发育为特征，男孩会发生遗精；

3. 青春后期是 17 ~ 20 岁，生理上的变化逐渐会缓慢下来，第二性征和性器官已发育成熟，体格变化已经不明显。

了解男孩自尊心一天比一天强

处于青春期的男孩，自尊心会一天比一天强。这是男孩对本身态度的一种肯定，是本身不甘落后、努力进取的感情体验。有了这种自尊心的男孩会比以往更加注重本身的穿着仪表、形象展示，在言谈举止中处处表现自己，希望能给人留下美好的印象。然而，固执己见、自尊心太强容易触犯别人，得不到他人的理解，还有可能受到嘲笑，而自信过度则会形成自负，也有可能与他人产生对立。因此，父母在这个时候一定要正确地引导男孩，让他健康地成长。

培养男孩的自立意识

这一时期的男孩想要增强自立能力，但自己却又不太能做到，这往往会使他们感到不安孤独、情绪不定、烦心。所以，父母在这一时期要引导男孩处理好与父母、老师、长辈之间的关系，要多听听老师的理论，使男孩既不要盲从，也不要太任性，让男孩慢慢地从依赖父母的状态下走向自立。

Part 09
第九章

与男孩沟通，给他充分的信任和尊重

沟通是人类生存的基本需要，是源于被他人了解的需要，尤其是与关系密切的人的沟通。满足男孩的需要对于其发展也是非常重要的，男孩与父母有良好的沟通，就不会感到孤独，也不会以上网的方式来疏解自己的孤独感。如何与男孩良好地沟通？为什么男孩不愿和父母交谈？相信这是很多父母都颇为烦恼的问题。

男孩青春期，父母要注意实现好两个过渡

现在，关于青春期教育的话题越来越引起父母的关注。令人尴尬的是，虽然许多父母明白要给青春期的男孩更多的关怀，却苦于无法与男孩进行正常的交流。

生理的发育并不代表心理上的成熟，青春期的男孩最容易犯错，甚至造成悔恨终生的错误。作为男孩的父母，在这个时期要注意去理解、关心他们，一定要细致、耐心、正确地引导他们，不要采用粗暴的方式去阻止、干涉男孩的活动，否则效果可能刚好相反。

父母要意识到男孩已经处于青春期了

青春期是在男孩长大过程中非常重要的年龄阶段，它虽是悄然而至，但却是逐步发展的，并且有明显的心理变化和第二性征的外部表现。如果父母有这种青春期意识，对男孩的教育能够多投入些时间、感情和精力，及时捕捉到种种变化，欣然迎接男孩的青春期，并坦然面对男孩对父母逐步减弱的依恋，调整以往不完善的教育方式。相信父母这样做，与青春期男孩的沟通就会顺畅、自然得多了。

父母要注意一些细节问题

家庭教育是通过潜移默化来培育男孩的。针对青春期男孩的心理发展的特点，尤其考

虑到男孩普遍存在的情绪不稳定、青春期躁动等情况。在沟通中，父母特别要注意细节，防止以下行为的出现：

1. 缺乏民主氛围，父母一言堂，与男孩对话不是命令式，就是审问式；

2. 还没搞清楚事情的真相，就主观武断地妄下结论；

3. 不让男孩参与家里的事，却要干涉男孩的一切；

4. 强行拆看男孩的信件、日记；

5. 以责备、反对的目光看待男孩与异性接触；

6. 总拿自己中学时的生活方式和孩子对比，苛责孩子；

7. 言行不一，要求男孩一套，自己做的却是另一套；

8. 男孩想自己解决且不愿让大人插手的问题，硬要包揽；

9. 家长错了死不认账，孩子错了咬住不放；

10. 言语粗野，没耐心，对待孩子一说二骂三打；

11. 不体谅男孩学习的艰苦，只以考分为重；

12. 时常在男孩面前翻旧账；

13. 不懂教育，欠缺知识，老说外行话，不爱学习。

父母要实现好"两个过渡"

父母必须实现的第一个过渡，就是必须逐渐实现从父母心态向成人心态的过渡，跟男孩保持良好的沟通。青春期是人生旅途中一个奇异、灿烂、非常美妙的时期，进入青春期的男孩正欣喜地体验着自我意识的觉醒和性意识的觉醒，体验着自己一天天地长大。男孩变得更加有主意了，就是因为他们觉得自己长大了，成人的心态也悄然在他们的内心迅速地膨胀起来。

父母必须实现的第二个过渡，就是对男孩的教育从权威地决定到客观地分析的过渡，这与第一点是密切相关的。对自觉已经长大的男孩，父母的权威在渐渐下降，当前因为社会的迅速发展，不注重提高和学习的父母，常常一开口就显得格外外行，权威的失落感真是有"一落千丈"之势。在遇到问题、挫折、困难之后，需要的是来自父母的客观引导和分析，而且这种引导和分析还应该是设身处地、朋友式的。

当男孩心情不好时，父母该如何与他沟通

人与人之间的沟通是社会上永恒的主题，而父母与男孩沟通同样是个难题，这一点需要父母和男孩的共同努力。

古人说："好言一句三冬暖，恶语伤人六月寒。"当男孩心情不好的时候，负面的语言会使男孩更加烦闷，父母应该善于揣摩与观察男孩的心态处境，多做些正面的、积极的教育，选择有针对性的"良言"来安慰、鼓励男孩。

当男孩感到委屈时安慰他

当男孩感到委屈时，父母应当说些宽慰的话语，帮助男孩走出阴霾。例如，小田下课后到体育馆去打篮球，正玩得兴高采烈时，高年级的男生过来霸占场地，小田气不过，上去和他们理论，但是其他的朋友担心和别人起冲突，于是拉着小田离开了，让出了这块场地，重新找了一块空着的篮球场。小田直到回家还非常生气，这时父母告诉他："体育锻炼的目的是什么？是强身、益脑、健体。没有必要为了一些小事和别人起冲突，要是真的和别人打起来，那就成了本末倒置了。况且篮球场也不是哪一个人的，别人也有权力使用，下次再遇到这样的事，可以和他们轮换着玩，15分钟换一次，既不会和别人发生争吵，还可以交朋友。"

当男孩感到沮丧时鼓励他

当男孩沮丧时，父母要说些热情的话予以鼓励。小宁在期末数学测试时没有答出最后一道题，结果导致分数降低了，感到非常沮丧，课后打电话给父母。父母跟他说："没有关系，不是还有几科没考完嘛，之后考好它们就行了，将功补过吧。"事后小宁对父母说："幸好你们帮我及时调整好心态，接下来几科的考试都还比较顺利。"因此，父母要让孩子明白，考试只不过是一种检测学习质量的手段，能让孩子体验到学习中的快乐和乐趣就很好了。每个人的人生都会有无数次的考试，如果一次考得不如意，那也没有关系，总结经验，吸取教训，就像歌词里所唱的："论成败人生豪迈，只不过是从头再来。"

当男孩感到疑惑时提醒他

当男孩疑惑时，父母要及时用柔和的态度给男孩提个醒。班里有个同学作业没完成，要向小博借作业本来抄袭，他觉得很是为难，不借怕同学说自己无情，搞不好同学关系，借给他又怕害了他，于是回来问父母该怎么办，于是，父母告诉小博，与其借作业给同学抄，不如帮助同学讲解作业题。再如中考的体育达标标准下来时，小博看完后说自己很难取得优秀成绩，父母说只要你尽力就可以，不足之处用其他科目补足，成绩是按总分来计算，只要你用心去努力，相信你的总成绩一定没问题。小博听了之后如释重负，决定加强体育锻炼以做到更好。

当男孩感到苦闷时陪伴他

当男孩苦闷时，父母应尽量陪伴在他身边，设身处地说些开导他的话。例如，小欧面临初中毕业升高中，每天的学习时间都排得很满，真是有做不完的作业，但又好想放学后多做点运动来舒缓一下神经，无奈时间不够，觉得很苦闷，父母此时就要告诉他，人生其实是在不断调整自己以适应当时的需求与环境，这半年学习任务可能是最重的时候，可能要减少运动和玩耍，所以，要尽量做到劳逸结合，合理安排时间，要特别利用晚自习时集中精力来提高效率才能达到事半功倍。回到宿舍就要休息好，才能有精力迎接新的一天，正所谓懂得休息的孩子才懂得学习。

成为男孩的坚强后盾，而不是牵着他的鼻子走

怎样做才能成为现代男孩心中的好父母呢？重要的是心与心的沟通,这是永恒的话题;孩子有心事时希望父母能和好朋友一样,男孩有难题时希望父母能为良师益友。

男孩疲倦时希望父母提供温暖的港湾;男孩遇到困难时希望父母成为坚强后盾。父母也应善于琢磨男孩的心态处境,用正确的沟通方法,多做一些正面的教育。

永远站在男孩的后面

一位著名的心理专家曾经说,聪明的父母总是站在男孩的背后,默默地支持他,而愚昧的父母总是堵在男孩的前面,牵着他的鼻子走。道理非常简单,站在男孩后头,可以有意识地锻炼男孩的独立性与勇敢精神,对男孩创造意识的培养起着关键性的作用。所以,父母不要一直当男孩的"领路人",而要培养男孩在前面"自己走"。正确运用父母的手,父母的手不是方向,不是航标,不能老揽扶着男孩走,更不能在男孩面前舞来舞去,正确的做法是束起自己的手来,在适当的时候扶男孩一把,然后放开手,唯有如此,男孩的各种能力及品行才能得到更好地培养。

不要总是否定男孩的想法

当遇到冲突时,父母首先要先想想自己在这件事情上,有没有不对的地方或者是做得

不太好的地方，如果是父母自己的问题或是父母有什么不对的地方，要自己反省改正错误，不要与男孩争吵，要学会站在孩子的角度去思考问题，多给他们些关怀和爱，男孩需要的是爱！作为父母，平时要多陪陪男孩，多和他们说说话，问问他们这一天都做了什么、发生了什么事情等。与男孩沟通，只要用心，其实没有那么复杂！

要为男孩营造独立思考的环境

男孩学习要有一个好的小环境，但求氛围，不求高档，男孩学习的时候父母要避免一些不必要的家庭闲言碎语，朋友聚会等尽量少在家里接待。还有，就是要创造祥和、稳定、和睦的家庭气氛，父母不要经常吵闹、打架，影响男孩的独立学习和思考。

1. 对男孩的想象力、新奇念头、别出心裁的玩法，给予鼓励和称赞；

2. 对孩子的发育和成长，不应该用旧的教条或观点来做男孩行动的准则；

3. 要注意消除男孩的恐惧心理，防止禁锢孩子，防止影响孩子的智力发展；

4. 应当倾听男孩说话，支持男孩积极向上的想法，多了解他的内心世界；

5. 尽量鼓励男孩对新生事物进行新的探索；

6. 积极引导和鼓励男孩发问；

7. 使男孩懂得自尊、敢于提出对事物的看法；

8. 创造一种新的氛围，使男孩在集体中受到人们的重视。

与男孩沟通要就事论事

  不适当的家教的危害是很大的，直接影响着男孩的身心健康。值得注意的是，父母常认为孩子小、不懂事，不注重潜移默化的教育和引导，一味地命令强制。有的父母抱怨为孩子付出了全部心血和财力，结果还是出现了问题。

  重视男孩的心理卫生，做到因材施教，搞好家教，才是防治不良教育的基本原则。男孩非常在乎父母是否全身心投入关注他们成长，有的父母虽然与男孩常年在一起，但不一定经常交流和沟通。大多数父母都是以忙为理由，忽视孩子教育。父母的亲子教育应走在男孩的生理心理发展的前面，所以父母应全身心地投入男孩的教育，不断学习和提升教育孩子的能力，方可赢得男孩的尊重和爱戴。

有时候父母需要无条件信任男孩

  做男孩的父母其实也是人生的一种挑战。作为父亲，需要以身作则，为男孩做出人生的榜样；父亲还需要在潜移默化间，将男子汉的气概传递给男孩；作为母亲，不仅要给予男孩更多的爱，还要教会男孩如何去爱，既要不断引导他，牵着他的手，还要在适当的时刻放开手，给男孩更多自立、自由的机会。

  父母是男孩的第一任老师，更是男孩的终身榜样。男孩身上的缺点、好习惯、坏习惯、优点基本上来自周围环境和父母的熏陶。所以要求男孩做到的，父母首先要做到。对男孩做到尽可能多地欣赏优点，尽量地包容缺点，要知道世界上没有完美的男孩，再完美的男孩都有自己的缺点。所以，父母无条件信任自己的男孩是与男孩沟通交流的重要基础。

多赞美、少批评

恰到好处的赞美是父母与男孩沟通的润滑剂、兴奋剂。父母对男孩每时每刻的欣赏、赞美、了解、鼓励都会增强孩子的自信、自尊。切记：赞美鼓励使男孩进步，抱怨批评使男孩落后。批评虽然是教育男孩不可缺少的重要方法之一，但如何批评男孩又是一门艺术。恰当的批评可以帮助男孩改正错误，达到预期的效果和教育的目的，否则，就会造成男孩的逆反心理，起到反作用。

批评男孩不可使用容易损伤孩子自尊心的恶语，如"没出息的东西""蠢货""不要脸"等。另外，尽量避免在外人面前批评孩子，尤其对那些较敏感的男孩。要对其进行适当的鼓励。在男孩接受了批评并做出积极的反应后，父母要及时给予表扬和肯定，强化男孩的积极行动，不可置之不理。纠正男孩的关键性缺点时，一定要注意选择最佳时机和地点。

对待男孩的错误要就事论事

批评男孩要客观，就男孩所做的这件事本身提出要求，讲道理，不要加入过多的情感色彩借此发泄。批评男孩时不可唠唠叨叨，将男孩以前做的错事也说出来，或者进而给男孩的这次行为下了某种不负责任的结论，这常常引起男孩的反感。批评男孩时，要讲明他错在哪里，用语要有针对性，这种错误以后怎样改正，有哪些害处，批评用语要易于被男孩理解和接受，不要泛泛讲大道理。总是讲大道理，时间久了，容易引起男孩的厌烦情绪。

父母也要接受自身成长的挑战

　　父母在与男孩沟通时，总是从自身的角度出发去提要求，但男孩总是达不到要求，结果男孩常常觉得很痛苦，总会有一种挫折感。

　　男孩对父母的说教往往会产生一种强烈的逆反心理，很多时候，父母不让男孩做什么事，男孩偏偏去做什么事，或者把家里东西扔得到处都是。男孩长大后，有很多事情宁可跟自己认识的朋友说，也不愿意跟自己的父母说，父母很难掌握男孩心里到底在想什么，就没办法相互沟通。父母用心良苦、苦口婆心，为男孩做了一切，可是男孩总是不尽如人意。

父母要了解什么是情商

　　父母对男孩的说服力和影响力，是父母和男孩之间有效交流和沟通的基础。东方人比较善于理性地思考，一开口就是讲道理，一开口就是分析，却常常忽略他人的感受和情感，也就是所谓的情商低。这样就难以对男孩产生说服力和影响力，也就谈不上互相间的有效沟通。哈佛大学心理学研究博士丹尼尔·戈尔曼，是情商理论的创立者，认为情商对一个渴望成功的人是至关重要的。他的调查研究表明，大多数高收入者智商都很高，但是高成就者不仅往往智商高，情商也特别高。情商的英文缩写为 EQ。丹尼尔·戈尔曼博士在上海做报告时曾经说，情感很难像智力那样用数值去计量和统计，情商应称为情感的智力。

情商主要包括四个方面的内容，即：一是自我认识，对自己的分析和理解；二是自我管理、自我控制和自我调节；三是社会意识，就是理解别人、感受别人；四是社会技能，就是改变别人、影响别人。

改变男孩，从改变自己做起

父母都希望能够对男孩有影响力，能够将自己的人生经验和智慧传授给男孩，却往往发现孩子未必能听进父母的教导。要与男孩有效沟通，父母应从自身做起。

一是要理解和感受对方。父母要知道男孩此时此刻在想些什么，奋斗目标是什么，喜怒哀乐是什么，需要什么。如果父母不了解这些，就无法走进男孩的内心。

二是父母要管理好自己的情绪，让自己处于理智、客观、冷静的状态。作为父母，如果在生活中遇到不顺利的事时，不能很好地控制自己的情绪，这种行为习惯也会感染孩子。

三是要自我分析和认识，了解自己目前所处的状态。有时，人在处于情绪化的时候，未必知道自己在做什么和能做什么。所以，父母就要努力调节、控制好自己的情绪。

父母要接受自身成长的挑战

任何人都需要与时俱进，否则便会被淘汰，父母在督促着男孩的成长时，也要勇敢地接受社会变化所带来的机遇和挑战。在一些比较发达的国家，老师和父母也要先经过学习，才去辅导孩子。父母首先要分析和审视一下自己，是否善于了解自己的男孩。大多数父母都认为自己能够理解男孩，事实上大多数男孩却认为父母并不理解自己，为什么会出现这么大的反差呢？其实就是因为父母总是过高估计自己的力量，在教育孩子的时候忽略了自身的学习，根本不了解孩子的世界究竟是什么样子。

作为父母，你知道男孩在想什么吗

对青春期内心动荡不安的男孩来说，父母不带价值判断的倾听，是让他们建立沟通信任及意愿的重要基础。

基罗斯说，父母在批评孩子时，切忌用手指指着男孩，因为这样做只能适得其反，让男孩产生更强烈的逆反心理；同时，不可以忽视眼神的交流，真诚的目光会让男孩有充分的安全感，这有助于父母与男孩取得较好的沟通效果。选择一个合适的地方进行沟通和交流也很重要。

如同见陌生人一样先要寒暄

父母和男孩说话，其原理如同与陌生人见面认识一样，先要进行寒暄，得有谈话预热的动作，要等到彼此都建立了值得信赖的谈话氛围之后，再开始沟通主题。

有一对母子曾经示范了他们平常的沟通状态。18岁的男孩放学刚进家门，妈妈立刻就问："为什么昨天没告诉妈妈你去网吧了？"结果男孩拎着书包掉头就走。妈妈的确很有诚意地跟男孩沟通，然而这个方法却无法见效。见面就质问男孩，男孩的自我防御机制就会立即启动，接下来无论父母再说什么，听到男孩耳中，就全成了恶意的批评。

父母要多给予男孩一些理解

父母跟男孩沟通经常犯一个毛病：很多时候还没表达出理解，就急于提供真理。比如，父母跟男孩反复强调要怎样做，男孩似乎听得也很仔细，结果发现男孩还是没明白父母的意图。对同一句话，父母和男孩理解的方式和角度都是不同的，因此，男孩执行起来会得到不同的结果。父母对男孩误解自己的意思，或者没有按照父母自己的意愿去做，要多想出几个可能性，不要马上去指责，不要马上给男孩下结论。比如，不认真，不专心，不尊重父母，等等。

聊男孩感兴趣的话题

父母一开口，通常说的便是："学习得好不好啊？""在学校里有没有好好听老师的话啊？""能不能减少上网玩游戏的时间呢？"说来说去，这些话题都有共同特性，都是父母感兴趣的事情。男孩懒得开口回应的原因是，他们根本对这个话题没有兴趣，既然没有兴趣，男孩为什么还要接话呢？父母与孩子沟通前需要了解以下步骤：

1. 用愉快的语调和男孩打招呼。
2. 察言观色，确定男孩有心情及时间说话。
3. 问男孩现在是否能和他聊聊，征求他的同意。

父母和男孩交流时应平心静气

父母和男孩交流时应平心静气，不要因为男孩与自己的想法不一致而火冒三丈，要给男孩申辩的机会，让男孩说出自己的真实感受。如果双方的意见确实分歧很大，父母不妨放弃争论，再找合适的机会和男孩沟通。基罗斯建议父母选择一个较安静的房间以免被打扰。如果在谈话中间就某些问题达成一致，就让男孩写在纸上，并放置在一个显眼的位置，以约束双方共同去遵守。基罗斯特别强调说，每次谈话结束后，父母都应该给男孩一个拥抱，这可以让男孩感受到父母的爱，对化解矛盾也有特殊效果。

教育男孩的前提是先要了解他

男孩做作业拖拖拉拉、缺少紧迫感的原因是多方面的：缺乏自觉意识、行为习惯不好、自控能力差、作业太多太难等。

父母要认真分析男孩做作业拖拉的原因，有针对性地进行教育。父母要从各种角度去理解男孩，而不要一味主观猜测和臆断。如果父母武断地批评男孩，男孩就会反感，慢慢地，就不愿意跟父母沟通了。

真诚地倾听男孩心声

如果男孩告诉你："妈妈，我不想上学读书了"。你会有什么样的回应？"你怎么可以这么不负责任！""你怎么可以这么懒呢！"这些都是带有价值判断的回应。男孩受到批评，与父母沟通的意愿就大打折扣。不带任何评价的倾听做法，则会营造更加安全和谐的谈话氛围，让男孩愿意敞开心扉。"孩子，告诉妈妈，你的意思是说，你最近对上学读书不太感兴趣了，是吗？"然后再问男孩："为什么呢？你能告诉妈妈原因吗？"让男孩继续把他心里面的话告诉你。如果父母能这么说，男孩就会知道，如果他心里有困扰，父母在任何时候都会抱着支持的态度听他说话。当男孩知道父母是抱持着这样的态度，他肯定会迫不及待地说出心事了。

教育男孩的前提是了解他

赏识男孩才能成功，抱怨男孩导致失败。

1. 生日时。对男孩来说生日是他最难忘而又最快乐的日子。父母为男孩准备生日礼物和美味饭菜的同时，不要忘了给男孩生日赠言。生日赠言，既可以是书面的，也可以是口头的。赠言应使男孩明白一些道理。

2. 就餐时。教育男孩珍惜菜肴、粮食，使男孩明白饭菜来之不易的道理。让男孩在餐桌上学会谦让和礼貌。

3. 交际时。应利用日常的交际机会，培养男孩礼貌、文明、热情、大方的素质。

4. 旅游时。给男孩讲解名胜古迹故事或来历的同时，有意识地教育男孩热爱祖国的大好河山，不要乱涂乱写、攀折花枝、用脏物或食物投掷动物、乱丢瓜皮果壳。

5. 家务劳动时。培养男孩爱劳动的良好习惯，可在三四岁时教育男孩从诸如铺床、洗手帕、扫地、叠被子等事情入手，然后随年龄增长而"加码"。

6. 男孩有了成绩时。在鼓励的同时要让他看到不足，从而激励男孩更进一步；有过错时，父母要帮男孩找出其原因，分析其危害，并"约法三章"，使男孩养成知错即改得好习惯。

谢谢男孩愿意分享

跟父母分享，对青春期的男孩而言，不见得是个自在的习惯，如果男孩善意地回应了父母的沟通邀约，父母应该谢谢男孩的努力。不妨这么来说："宝贝，谢谢你告诉我们今天学校发生的事情。"对男孩的沟通努力表达出真诚的谢意，体现出了对男孩的尊重，同时也会鼓励男孩多与父母交流。

和男孩说话要注意分寸

　　男孩是在父母的认可下学会自尊、学会做人的。如果男孩在羞辱中生活，他将会自卑。教育孩子切忌伤害其自尊。

　　在物质生活条件越来越好的今天，男孩成长却出现了"三大三小"的现象，生活的空间越来越大，而成长的空间越来越小；房屋的空间越来越大，而心灵的空间越来越小；外部的压力越来越大，而内在的动力越来越小，因而也出现了许许多多的问题男孩。面对这一现实状况，现代教育呼吁小学思想品德教育能提升到另一个新的高度。

尊重，唤回男孩自信心的灵丹妙药

　　在某种情况下，老师不尊重学生会比父母不尊重男孩对男孩心灵的伤害更大，因为在男孩的心目中，老师的权威是至高无上的。老师的举止言行，甚至兴趣爱好，都会对男孩产生潜移默化的作用和影响。

　　有一位年轻的画家，他才华横溢却胆小怕事。一次，有人请他和几个朋友吃饭。他不怎么跟大家交谈，且始终拒绝吃鸡蛋，大家都觉得很纳闷。后来，在一次的谈心过程中，画家透露了这其中的秘密。原来，画家上幼儿园时遇到过这样的一件事：邻床的小朋友从家里拿来一篮子好吃的东西，挂在了床头。一天，这位小朋友就告诉老师说：鸡蛋丢了。

老师调查过后，没有调查清楚，就断定是这个画家给偷吃了。但当时画家死不承认，然后，老师就把画家关进了一间小黑屋，说："不承认，就不放你出来。"这位画家说当时他害怕极了，就违心地承认了。于是，小朋友们总骂他是"小偷"。那年他四岁。从此，他变得胆小怕事，且一看见鸡蛋就会有一种恐惧感。

力求深入全面地了解男孩

俄国教育家乌申斯基指出："如果教育学家想培养多方面的人才，那么他首先应该在多方位、多方面来了解孩子。"所谓深刻全面的了解，就是既要了解男孩本身的过去和现在，又要了解男孩成长的家庭经常接触的，以及生活环境中的各种事或人；既要了解男孩表现在外的优长和缺点，又要了解男孩的内心世界，包括他们的忧虑和苦恼。只有全面深入地了解男孩，对男孩的教育才能"对症下药"，收到实效。

父母要因势利导，化消极因素为积极因素

"善战者，因势而利导之"，这句话原来的意思是指善于打仗的人，必须顺应事物发展的规律和趋势再加以引导方能取胜，运用在教育上就是说教育者应根据男孩的爱好、兴趣和发展倾向等状况，从正确的、积极的方向加以诱导教育，使男孩的品德思想由自发的倾向变成自觉的行为和思想表现。所以，作为父母，对教育"调皮大王"一类的男孩，首先不是将他们看住或是看牢，而是寻找出他们的闪光点，然后根据他们的爱好、兴趣，将他们组织到有效的活动中去，逐步使男孩告别淘气，成为社会的有用之才。

父母说话要注意掌握分寸

一句粗暴的言语，可以让一颗尚存良知的心灵彻底毁灭；而一句充满信赖的言语，又可以使一个正在沉沦的灵魂得到拯救。作为父母要尊重男孩，就要礼貌地对待男孩，不能用"傻瓜""笨蛋"等这些带有挖苦、侮辱的字眼刺激男孩，使男孩失去自尊和自信。

缺少信任和包容会造成"问题男孩"

　　每一个生命都有其可爱的地方，让我们在春天里快乐地播种，请相信有雨露和阳光，有父母和老师精心培育，秋天就一定能有收获。因此，父母也完全有理由相信，这些"问题男孩"既然已经"虚心接受"了，只要父母用心去教育、用心去期待、用心去关爱，男孩就一定会进步！

　　在老师教育孩子的过程中，时常会碰到一些这样的男孩：答应明天一定能完成作业，可第二天依旧没有完成、依旧拖欠，"明日歌"可谓唱了一天又一天。老师找他去谈话吧，男孩表现得十分懊悔，可就是改不了这欠交作业的坏毛病。还有一些男孩脏话不离口，叫他注意讲话要文明，改一改这个坏毛病，他嘴里说好，可出门以后照旧说脏话。考试前，老师再三叮嘱不能马虎，答题要认真，可每次考试后，"买后悔药"的男孩依然不少。

老师也不要过于心急

　　老师有时候面对这么多"虚心接受，坚决不改"的男孩，难免会有几分不解和困惑。可在细细分析这一教育现象的时候，又不难发现，也许老师在教育这一类男孩的时候会存在这么几种弊端，例如：总巴望自己的一次推心置腹的话语和教诲，就能让男孩悬崖勒马、痛改前非，从此不再犯错。殊不知"学坏容易，学好太难"，已经形成的坏毛病怎能通过三言两语、在一朝一夕中纠正。看来"晓之以理，动之以情"的同时，还应不忘"耐心等待"和"循循善诱"。

　　某中学一个班上有位男孩，名字叫松松，调皮捣蛋不说，而且屡教不改，这一学期刚刚开始，班主任在征求男孩的同意之后给他在班上安排了一项小小的任务，擦讲台和擦黑板，这可是每天早晨都必须要做的事，可有的同学就对班主任的这一举措表示怀疑，怀疑松松是否能坚持下去，但这位班主任并没有改变其想法，班主任想，应该充分地信任松松。在那以后的每一天里，班主任都会看到松松早早地来到学校，把教室讲台和黑板擦得亮闪闪的。后来班主任对同学们说，每天看到一尘不染的讲台，就会想到松松同学，而且坚信松松一定能坚持做好这件事的。班主任的这句话让松松幸福了好半天。从那以后，松松变得越来越勤奋，越来越乖巧，这就是沟通和信任的力量！

父母和老师对男孩的信任不够

　　充分的信任能使孩子产生强烈的责任感，能够挖掘出人的潜力。当这些"问题男孩"得到老师或是父母的信任时，他们会觉得同学们和老师都在期待着自己进步，他们便觉得自己没理由不向好的一面改进和转变。因为有他人的信任，这些"问题男孩"才会真正树立起改掉男孩毛病的自信。因此，当老师和父母面对男孩的"虚心接受"但还没改的时候，请不要用上"坚决不改"这个词。要相信改掉男孩的坏毛病，一定行！别忘了对男孩要给予更多的信任。

父母和老师对男孩缺乏包容

　　法国作家雨果曾经有过一段较恰当的比喻："世界上最宽广的是海洋，比海洋更宽广的是无比遥远的天空，比天空更宽广的是人的心灵。"拥有宽广的爱的胸怀，才能包容可爱男孩的一切。也许有人会说，包容男孩的缺点是一种纵容。的确，很多教育工作者也常常走进这样一个误区。可试想，当父母和老师对这些男孩责怪、抱怨、讨厌和嫌弃的时候，又怎能走进男孩的心灵？因此要学会包容，相信所有的生命都渴望得到尊重。男孩无罪！请用爱的胸怀包容男孩，给予男孩更多的理解。男孩"亲其师"了，才会"信其道"。

Part 10
第十章

独立自主，男孩的事让他自己做主

独立自主是男孩健康人格的具体表现之一，它对男孩的学习、生活质量以及男孩成年后事业的成功和家庭生活的美满都具有非常重要的影响。在现实生活中，有一些父母怕累着男孩，又担心男孩做不好，自己重新去做太麻烦，因而不让男孩做一些力所能及的事；还有一些父母认为，穿脱衣服、吃饭等生活技能是不需要训练的，认为男孩长大自然就会了。其实，这些观念都是不正确的。那么，应该如何教导男孩独立自主呢？

过多的爱抹杀了男孩的独立意识

男孩一般两岁左右就会产生独立的意识，动手能力也会大大地提高，有自己做事的愿望。此时，父母就要开始放手，主动培养男孩的自理能力。吃饭的时候要鼓励他们自己进食，一些简单的衣物要让他们自己穿。无论男孩完成得是否出色，父母都要学会大加赞赏："宝宝，你真棒，你会做得越来越好的。"

父母要学会尊重男孩的意愿，别想着让男孩完全按父母设定的人生轨迹行事。如果男孩失去了个人意愿，失去了自主性，就只能形成一种依附型人格，凡事都想去依赖别人，就不愿发挥其主动性了。父母要从小就让男孩学会自理，这并非不疼爱男孩，相反，让孩子自立，正是爱男孩的表现。男孩学会自己动手之后，成就感会更加强烈。如果男孩习惯了被"服侍"，再想让他们自己去动手，就十分不容易了。男孩经常能从自理中获得成就感，才会慢慢爱上自己动手。

让男孩独立解决问题

男孩在学习中、生活中遇到了难题，父母不要马上帮孩子摆平，要鼓励男孩自己去独立解决问题。学习上，父母别陪学，不要帮男孩检查作业，要让男孩自己来。生活中，男孩若遇到困难，父母只给予引导就可以，不要为男孩动手包办。不要让男孩一遇到了问题，就习惯于依赖自己的父母。父母面对男孩遇到的种种问题，要鼓励男孩独立解决，父母只给建议，不要亲自插手。男孩要学会依靠自己，就能勇敢面对更多学习、生活上的难题了。

给男孩提些问题

比如和男孩一起看故事书时，把画面上的景物和人指给男孩看，便于男孩认识；男孩若再大一些，不妨把图中动物、景物、人物的大小、高矮与远近的关系给男孩表述；看书时，问问男孩："这棵树和这个蘑菇房哪个高？为什么蘑菇房看起来比那棵树还要高呢？""如果袋鼠从河边走了过来，是会变大还是会变小呢？"父母可以根据故事画面、情节的内容和男孩的实际水平，设置一些简单的问题，引领男孩去想。当然，也可以扩张和引申开来："汽车越来越近和越来越远，我们看起来会有什么样的不同呢？"这样，把现实生活和书中的内容结合起来，拓展了男孩的思路。如果父母和男孩互换角色，相信男孩会更有兴趣。

尊重男孩的意愿，不要乱给其请家教、报培训班

有些父母喜欢将一些生活习惯、学习任务强加给男孩，让男孩按父母的意愿来行事。如果男孩违背了父母的意愿，父母就会施加更多的压力。男孩在这种状况下，就会慢慢地习惯于父母的包办，不会再做任何反抗。如此，男孩就没有了"活力"，男孩就变得太"老实"了，这与父母的强制包办的关系极为密切。因此，父母要学会尊重男孩的意愿，不要乱给男孩请家教、报培训班，让男孩完全按父母设定的人生轨迹行事。男孩就会完全失去自己的主动性，完全失去了自己的个人意愿，最后只能形成一种依附的性格，凡事都想依靠父母。

不要再替男孩包办一切

培养男孩独立能力，男孩的胆量和勇气不是天生的，而是练出来的。

男孩的胆量生来是不一样的，有些男孩从小不爱说话，不敢表现自己，惧怕生人，在父母的眼中，这种表现就是胆小怕事，这对男孩的学习和以后的生活、工作都将产生不良的影响。因此，父母要有耐心，鼓励男孩和小朋友交往、游戏，教给男孩一些与同龄人交往的技能，培养男孩对新鲜事物的兴趣，辅助男孩走出胆怯退缩的困扰，成为一个独立、自信、勇于迎接困难和挑战的人。

让男孩学会自己照顾自己

父母要时时注意培养男孩的独立性、良好的生活习惯和刚强的毅力，激励男孩去做力所能及的事情，让男孩学会自己照顾自己。当男孩遇到困难时，父母不要一味去包办，而要让男孩自己想方法解决。当然，开始时父母要予以必要的指导，使男孩慢慢学会自己处理各种事情，而不能一下子都不管不问，否则会使男孩手足无措，变得更加胆小。

培养男孩克服困难的精神

父母在培养男孩的独立性时，首先要培养男孩克服困难的精神和毅力。对于年龄较小的男孩，自己穿脱衣服，收拾房间和整理玩具等，是有一定难度，需要克服一定困难的。因此，父母的作用就是对男孩做出的努力要给予充分的肯定，并要求和鼓励他们去主动克服困难，尤其是那些依赖性较强的男孩，父母更要坚持要求。在家庭中培养男孩独立做事时，最关键的是父母自己首先要战胜自我。通常，有的父母一见到男孩碰到些困难，不是先鼓励男孩去克服困难，而是立即为孩子去代劳。还有的父母明知应该去要求男孩克服困难，要求男孩坚持自己去做事，但只要男孩一哭一闹，就心软，势必会"妥协"，依顺着男孩，从而前功尽弃。因此，父母若要为了男孩的未来，就应下定决心甚至下狠心，来培养男孩克服困难的毅力和精神。

父母要坚持住不要再替男孩包办，鼓励男孩要勇于尝试

父母过度包办，男孩就会过度害怕失败，凡事不敢轻易去尝试。父母要鼓励男孩对任何兴趣勇敢和大胆地进行尝试，在失败中积累经验去成长，在尝试中突破自我头脑的限制。每一次全新的尝试，都是男孩的一次全新的自我突破和自我实现，是男孩独立性的表现。当男孩有了新想法，想去尝试但是又害怕失败时，父母要给予鼓励。就像目前很多男孩都处于被父母过度的保护状态中，变得不敢去尝试了。父母如果想要弥补曾经包办的过错，就要调整好自己的心态，坚持不要再去包办，多去鼓励男孩敢于尝试，改变男孩害怕失败的心理。

营造不溺爱的家庭氛围

溺爱的家庭氛围对男孩的成长极为不利，一般是一大家子人替男孩包办所有事情，在这种情况下，男孩也就顺理成章地依赖大人了。溺爱的家庭氛围只会导致男孩成为家里的"小皇帝"。父母不能鼓励一大家子都宠着男孩，事事都顺着男孩，而要营造一种不溺爱的家庭氛围。父母要举出鲜明的旗帜，男孩的事情要让他们自己去做，并最好与每位家庭成员先达成统一的意见，与大家相互配合好，才能让男孩早日学会独立，不依赖于他人。

父母不包办，男孩就会逐渐形成自我打点的意识

通常来讲一个人的成功，严格意义上来说，不是在管理别人和被别人管理中获得了成功，而是在自我管理中才走向了成功。

父母要培养和提高男孩的自我管理能力，自我管理能力确切地说就是管理个人事物的能力，它包括七个方面：人际管理能力、行为管理能力、时间管理能力、目标管理能力、压力管理能力、自我反省能力和学习与成长能力。

男孩成功离不开成熟、高效的自我管理

男孩成功的未来，离不开成熟、高效的自我管理。如果男孩自我管理的能力差，就会把个人事务都弄得一团糟，更别说处理别的什么事情了。可能会整天都非常忙碌，却效率低下。自我管理能力差的孩子，成年以后，往往会因为自制力较差，容易随波逐流，进而在浑浑噩噩中度过其一生。

小军的卧室乱得像仓库一样，袜子从来找不到第二只，物品东扔一件西扔一件。每天早上，闹钟闹了三四遍，他还是懒得起来，因为每晚都打游戏，总是睡得很晚。妈妈没有办法只好先拖着他起床，匆匆洗漱完后，吃点早餐就送他去上学了。很多时候，小军都是快要迟到了，所以只好一路狂奔。在学校里上课也是，每节课要学什么，他从来都记不清，

都是看到别的同学拿什么书，他才赶紧从课桌里找出书来。小军每天就这样，忙得晕头转向，放学后，许多伙伴邀他去玩，他也总是喊着没时间。然而忙碌的小军成绩并不好，每天都被父母、老师轮着训。小军觉得自己的生活实在糟透了，所有的事情似乎都混杂在了一起，怎么也理不清。问及学习目标、生活目标、人生目标，小军一再摇头，他说："我从来没有认真想过这些问题，过一天算一天吧。"

每一个成功的人士都有精确的人生定位

事实表明，每一个成功男孩都有精确的人生定位，然后统筹时间，安排好实践目标的计划。他们的交际是为了实现自己的伟大目标，他们的行动是在实践自己的目标，一旦遇到困难和挫折，他们就会立马进行自我反省，然后进行自我提升、学习，继续朝目标前进。每一个环节都能够高效地完成，人生就能实现合理利用，每一分钟都不会被浪费掉，都是在为目标而努力和付出。这样高效的人生，就是成功愿意多次青睐的人生。学会高效地利用每一分钟，就是一种高效能的自我管理模式。

父母要培育男孩的自我打点意识

要想提高男孩的自我打点能力，首先要培育男孩的自我打点意识。像上面例子中的小军，生活一团糟，就是因为没有自我打点的意识。事实上，男孩只有有了自我打点的意识，才会自觉遵循，把自己的事情安排好，就像看待睡觉和吃饭那样去看待男孩成长过程中的自我打点。父母要帮助男孩熟悉日常生活中的事务，只有这样，男孩清楚地知道如何安排时间，将自己的潜能发挥到最大。

不要代替男孩检查作业

父母要给男孩学习的自由，不要代替男孩检查作业，父母那样做，男孩就会认为那是父母的工作，不是自己该做的，然后，自己就不再去检查作业了，对学习的兴趣也会降低。父母要让男孩学会自检作业、自己学习，锻炼男孩的自我管理能力。在男孩学习的过程中，父母还要注意，当男孩的学习和其他事情发生冲突时，要引导男孩协调好学习和其他事情的矛盾，让男孩把主要注意力放在学习上面，然后在此基础上去做好其他的事情，这样才是一个好男孩应该做的。

不要剥夺男孩处理问题的权利

　　父母总是喜欢干涉男孩的自由是因为爱他，也许有时候做父母的方法欠妥，不过做男孩的也要站在父母的立场来理解父母。

　　不过多地干涉男孩的自由，只要是合理的要求父母要尽量给男孩自由的空间，男孩可以和父母像朋友一样地谈谈心里话，男孩快乐的心情也会给父母带来幸福。父母应当允许男孩有机会接触生活中的各种事物并引导其学会如何应对它们，而不是将男孩与现实隔离开来，用父母的希望和意愿来操纵。

父母要避免独断专行

　　父母在处理与男孩之间的一些具体问题时，千万要避免独断专行，事实上，与现实社会相通的最关键的方面就是与各种人和事打交道，父母无疑应给予男孩正确指导，帮助他们学会正确处理各种人际关系，但在具体实行上父母要避免独断专行，剥夺男孩根据自己的意愿建立人际关系的机会。

　　京海虽然才 11 岁，却是一家夏令营的辅导员的助手。他热情、公正、待人细致周到，这已经是第三次被聘为夏令营助手了，主要工作是去照顾年幼的夏令营成员。妈妈一向相信京海的自理能力和出色的社交能力，对他整个暑假都在夏令营生活很放心。这天，妈妈忽然接到京海的电话，妈妈很高兴地问他情况怎么样，京海却有些情绪不佳。"亲爱的，有什么不对吗？""妈妈，我们原来的辅导员走了，新来的辅导员沙贝小姐很粗鲁，对我们这些工作人员很严厉！""那么她对你如何严厉了呢？""今天早晨我没有在规定的时间内将我的队员召集到早餐处，她竟当着全队人的面，将我骂了一顿，让我在队员面前抬不起头。"京海的声音有些沙哑了，妈妈很为男孩难过："你是义务去帮助他们的，她没有理由这样对待你，我马上给你们的营长打电话，叫她去同你的辅导员谈谈，好吗？如果不行的话，不如辞了工作回家来，反正假期里就应该休息一下。"但是后来，妈妈又想男孩在外面受些委屈是正常的，一方面可以锻炼男孩克服困难的能力，另一方面可以培养男孩自己解决问题的能力。于是，妈妈只是站在男孩的身后，没再插手管此事。

不应介入其中，剥夺男孩处理问题的权利

妈妈心疼男孩是天经地义的，根据妈妈对男孩的了解，她相信自己的儿子是位很让人信得过的辅导员助手，没能按时召集队员，一定是有什么原因，辅导员不问青红皂白当众训导京海，使他在自己的队员面前失去威信，的确是有失考虑。但妈妈在男孩面前这样评论辅导员的行为，会使京海更加认为自己委屈，而不肯反思自己有无责任，辅导员在他心目中的形象进一步恶化，对今后他们的工作关系更为不利。妈妈毕竟只听到男孩的一面之词，并不了解全部过程，急于发表意见显然不妥。所以，妈妈一开始想提出要亲自找夏令营的负责人谈这件事，后来一想，还是不要这么做。男孩与上级的关系如何要由男孩自己来处理，妈妈在这里不应介入其中，剥夺男孩处理问题的权利，最后，这位妈妈很聪明地做到了。

什么样的事情父母不应该干预

父母最担心的是男孩早恋，父母应该对男孩开放地讲这些问题吗？对。很多男孩的性知识都是从同学那里得来的，很少是由父母传授的。其实，父母早一点告诉男孩会比较好，可以给青春期的男孩买一本有关性教育的书，放在男孩的床头让他们自己看，比他们看些别的没用的书去寻找刺激要好很多。所以，父母在男孩的青春期要做的不是阻止他和女孩交往，而是给男孩一个空间让他们学会正确地与异性交往。

男孩的种种尝试必须出于自愿

　　有的父母对男孩尝试各种事情的"标准"要求过高，这也看不惯，那也看不惯，最后索性完全由父母代劳，还认为这样反而省时、省心、省事。

　　说到底，给男孩多多提供尝试机会也是实施挫折教育的一个有机组成部分，原因很简单，男孩一旦被剥夺了尝试的机会，也就相当于被剥夺了犯错误和改正错误的机会，因此不可能迈向成功之路。

看看怎样鼓励男孩更好

　　德国著名的儿童教育学家舒马赫，在分析那些不愿为幼童提供尝试机会的父母的心理时指出：有些父母特别是一些年轻妈妈，总认定"全面"地照顾男孩是自己"义不容辞"的责任，因而事事为男孩着想，处处想"代替包办"，殊不知这么一来反而剥夺了男孩学习和成长的机会，长此下去，男孩不仅可能会手脚笨拙，且还可能会产生强烈的依赖性，进而丧失其宝贵的自信心，对今后的生活也可能产生很大的负面影响。

　　4岁的海特十分喜爱父亲给自己买的那双有漂亮鞋带的运动鞋，可他毕竟年纪小，每次总是想自己系鞋带，却老是学不会。海特每次系鞋带也很用心，只是每次都系成了解不开的死结。妈妈认为海特自己系鞋带总要系成死结，还总得自己拆开，觉得有点麻烦，便主张让海特放弃穿这双鞋子，想去商店为海特买一双不用系鞋带的"方便鞋"，但海特的爸爸不同意。爸爸鼓励海特说："系鞋带并不比吃饭难，只要多加练习，次数多了，我的宝贝儿子肯定能学会。"他还细心地将一条旧领带拴在椅背上以便男孩练习打结。果然，不出3天，海特不仅学会了系活结，还学会了好几种系鞋带的方法。

男孩的种种尝试必须出于自愿

德国另一名儿童教育专家威茨格提醒父母说：要让男孩的尝试取得成效，还必须要注重循序渐进，注重男孩不同年龄段的不同特点，注重各个男孩的不同个性，并充分尊重和了解他们各自的喜好兴趣以及心理需求。他主张一开始让男孩做一些难度较小的尝试，以便男孩取得成功后自信心上升。接着，再渐渐增大尝试的难度，目的是让男孩在挫折和失败中培养不向困难低头的精神。他还特别强调，男孩的种种尝试必须出于自愿，强迫或勉强只会事倍功半或事与愿违。

让男孩尽早学会自理

一个发育生长正常的男孩，一般到了两周岁后大多数都会自然而然地显现摆脱母亲"控制"的倾向，因为，在这些男孩的眼里，他们总是将母亲的呵护看作对自己的"控制"。他们往往会大声嚷嚷："妈妈，我要自己去洗脸！""妈妈，我自己会吃饭！我不要你喂饭！"虽然男孩第一次学习洗脸极有可能洗不干净，甚至可能边洗脸边忘乎所以地玩起水来。父母不要见此便沉起脸收起毛巾或干脆代劳了事，而是应该在耐心具体指点的同时，对男孩的表现大加赞赏："真了不起！我们的宝贝会自己洗脸啦！"

多为男孩提供"自作主张"的机会

陶行知的教子金言，曾经家喻户晓，"滴自己的汗，吃自己的饭，自己的事情自己干，靠人靠天靠祖上，不算是好汉！"每个父母都会为陶行知的这种严格要求孩子的心情所感动。

但生活中父母总是很难做到这一点，而且也忽略了男孩这样一个特点：男孩有能力天天长进，天天学习，天天完善。如果父母希望男孩天天长进，那么父母就必须鼓励他们，允许男孩自己做出决定。父母总是不让男孩照料自己的生活，自己的事情不能去自己做主，就会人为地延迟孩子学会料理自己生活的时间，使男孩产生对父母的依赖感，缺乏自我决策意识。

替男孩做决定，至少会有两种弊端

有些父母往往什么事都替孩子做决定，其实，这样并不好。人这一生都在做着各种各样的决定，小到穿什么衣服，吃什么饭；大到将来上什么学校，做什么样的工作，确立什么样的人生观，如果一味地剥夺男孩的选择权，至少会有两种弊端：

第一，使男孩在心理上养成严重的依赖性。一旦男孩依赖的人由于种种原因不能替他包办一切时，男孩就会不知所措，甚至精神崩溃。

第二，父母主观武断，代替男孩做出种种选择，把自己的意志强加给男孩，一旦选择失误，男孩会对父母产生怨恨和不满。这不但会使家庭关系紧张，而且会损害男孩的心理健康。

如何让男孩自己做决定

父母要为男孩创造一个民主的、宽松的家庭环境，鼓励男孩在学习与生活中自己做决定，如男孩可以决定周末是玩球还是看电视等。父母与老师作为教育者可以给男孩提一些参考意见，与男孩一起探讨，使男孩的决定更合理。这种探讨的前提是男孩的决定权不被剥夺，整个过程是不带压力权威的，用男孩易于接受的方式进行。从鼓励男孩做决定到训练男孩习惯于做决定，为男孩未来的发展打下良好的基础。

多为男孩提供"自作主张"的机会

尊重男孩的选择权并不能保证孩子的所有选择都是正确的。这就需要父母在尊重男孩的选择权的同时，注意培养男孩的辨别能力。不过，辨别的能力也只有在选择的实践过程当中加以培养，所以最好的培养方法还是多为男孩提供"自作主张"的机会。男孩需要添置衣服，最好在颜色、式样等方面由男孩自己做主。星期天，最好让男孩操办一天的伙食，怎么吃、吃什么，由男孩自己操办。学习上遇到困难，父母也可以帮助男孩出主意，但是解决问题的方法还得由他自己想，在这个过程中，男孩肯定会走弯路，但解决问题的能力还是会在一次次选择的尝试中得到提高。

应该鼓励男孩与同学交流

当男孩有了一些决断能力与习惯之后，应该鼓励男孩与同学交流。在朋友和同学中锻炼与展示这种能力，最终在男孩中产生影响力，男孩的领导能力与组织能力便有了提高和尝试。男孩对父母的过度依赖是压制孩子这方面能力成长的主要原因之一。海外有不少华裔精英，而担任高级主管职位的比较少，对男孩的自主能力方面缺乏重视和培养是重要原因之一，客观上限制了学术上和事业上取得更大的成就。组织和领导能力的不足，形成了罩在男孩头上的一方玻璃屋顶。男孩成年后，行为模式、思维方式相对稳定，此时想突破，并非易事。因此，男孩不仅要在学业上取得胜利，而且要在包括组织能力与领导能力的综合素质方面取得优势。

用"不完整的答案"去掉男孩依赖性

　　培养一个自强自立的男孩，是每个父母的心愿，也是父母给予男孩最珍贵的礼物。自强自立的男孩有更强的学习能力，抵抗挫折的能力也会更强。

　　自立能力是男孩进军社会的基本能力，男孩要想获得社会的认可，要想取得成功，没有自立能力是不行的。可见，自立是男孩成才、成人的关键，任何人都不能代替男孩成长，男孩要想快乐、健康地成长，将来有所作为，都要靠自己去努力。

自立训练从幼儿开始

　　美国的男孩大多从婴儿时期就独居一室。男孩长到三四岁，如果对黑暗感到害怕，父母就给他们买各种各样的小夜灯，彻夜亮着，以驱散男孩对黑夜的恐怖。晚上睡觉前父母到男孩房间给孩子一个吻，说"宝贝，我爱你！晚安！祝你做个好梦"之后，就回自己的卧室了。男孩就抱个布娃娃、布狗熊之类的玩具安然入梦。

培养男孩独立思考的习惯

　　比如，父母可以故意给男孩一个不完整的答案，让男孩自己去想，得出圆满的答案，也可以提出些问题，表示自己解决不了，让男孩帮忙。这可以使男孩在不知不觉之中，自然而然地养成独自思考的能力。

1. 让男孩用语言把自己的想法表达出来。即使明知男孩想讲什么，也不要先讲出来，不要替男孩表达。要少说"你是要……""你是想……""你去……"这样的话，避免让男孩只说"对""是""好"这样的话。

2. 逐渐改变男孩的依赖心理。给予男孩工作或角色，赋予男孩责任，完成后要鼓励他，即使是很小的男孩也会因责任感而引发出不靠别人靠自己解决问题的欲望。

3. 带男孩参加社交活动时，一定将男孩介绍给客人，使男孩感受到自己是独立的人，产生自立的意识。

4. 让男孩自己解决问题。例如，让男孩自己有一套随身用品，并让男孩自己管理，父母可以采取间接的方式去帮助男孩。这与自我意识的形成有着很大的关系。

5. 有计划有准备地将男孩交给他人照料一段时间。孩子离开熟悉的环境和父母，必须努力地配合并适应他人家中的生活习惯，有时为了达成自己的要求，还得费心去说服或去说明，这对培养男孩的独立性是非常有用的。

教男孩适应环境

约翰·柏拉姆夫妇假日里常带着8岁的儿子到山区旅游。每遇山涧需渡过时就叫男孩观察水势，寻找水流较缓、较浅的涉水点，然后由父母决定是否可行。如果选择不当，就要讲明道理，并教男孩怎样识别水深及流速。上山时，他们从来不乘坐缆车，而由男孩选择登山路线。途中若是遇到陡崖峭壁，让男孩判断有无危险，决定是否攀登，并问男孩该怎样保证安全。经过多次跋山涉水的实践经验，男孩自然不怕山高水急，也就敢冒险了。

教男孩使用工具

美国父母教男孩从小认识和使用各种工具及电器。父母经常对男孩说："你应学会用这些工具，有什么东西坏了，你就可以自己动手去修理。"工具包括刨子、锉刀、螺丝刀、钳子、手锯等。父母教给男孩这些工具的用途、性能，让男孩掌握操作要领，并鼓励男孩在日常生活中使用它们。五六岁的男孩，父母就要教他们使用煤气灶、洗衣机和电炉。家里东西无论哪儿出了毛病，父母都鼓励男孩大胆尝试自己修理。

狐狸的生存法则：爱他就让他独立

　　爱孩子的表现绝不是总是围着男孩转。美国人很爱孩子，但不会总是盯着、抱着孩子。六七个月的男孩就自己抱着瓶子喝奶、喝水，大一点就自己学用餐具吃饭。

　　狐狸是一种非常聪明、机灵的动物，但是娇小的身躯决定了它们无法拥有老虎和狮子那样强大的力量，它们必须心惊胆战地面对艰苦的环境。在狐狸的子女学会捕食之后，狐狸不会像母鸡一样将小鸡护在翅膀下，而是将小狐狸驱赶出去，让它们独立面对恶劣的自然环境，学会独自生存。人类也需要向动物学习，在孩子小的时候就培养他们独立自主的品格，只有这样才能在将来生存下去。

让男孩自己解决困难

　　男孩刚学吃饭也许会常常把食物撒在地上、桌上，但父母绝不能喂，要让男孩自己吃；男孩跟小朋友一块儿做游戏，父母尽量少干涉；父母外出旅游，把年纪小的男孩交给祖父母或寄放在别人家，请人带几天，也是锻炼男孩适应能力的好机会。

　　过去生活困难，无形中为男孩提供了锻炼的环境，但是目前生活水平普遍提高了，在顺境下如何成功教育男孩，的确是需要探讨的问题。有经验的父母多是想办法给男孩设置一些困难，而且不只限于生活方面的困难，让男孩自己去解决，从而培养男孩的能力和优秀品质。

让男孩自己讨论话题

男孩在一起难免有矛盾，在这个解决矛盾的过程中，正是男孩健康成长、走向成熟的过程。如在排练节目、办黑板报时，自然会有一些不可避免的争论，男孩在与同龄人平等的争论和探索当中，最后得出正确的结论，这种经历必然是非常宝贵的。

给男孩选择的权利

把有些选择的权利交给男孩，但是要在事前为男孩提供有关建议，帮助男孩分析各种可能，并且要教育男孩，如果是自己选择的，自己就要负起责任。如果父母带男孩去少年宫报名，可先让他看看小组活动，本来父母的意愿是让男孩学钢琴，可是发现男孩在舞蹈组的门口看得出神不走了。此时，父母可尊重男孩的选择，但要求他对自己的选择负责，一定要持之以恒，不能虎头蛇尾。

让男孩自己去创造

创造是孩子自主性最高层次的表现。男孩的创造性需要父母积极引导和巧妙激发。有一对父母是这样做的：他们的男孩特别爱玩泥巴，开始父母觉得男孩没出息，可后来发现男孩捏泥人捏得活灵活现，于是对男孩说：“你要玩就好好捏，这叫泥塑，看能捏出你自己的新点子不。”男孩在父母的鼓励下，充分发挥了自己的才智，初中毕业的时候，男孩捏出《水浒传》中的108位好汉，栩栩如生，各具特色。高考的时候考上了中央美术学院。给男孩创造一个条件，只是有利于发展男孩的自主性，在男孩做的过程中，父母还要不断和男孩进行有益的交流，鼓励男孩，评价男孩的成果，提出新的任务，使他的进步永不停止。

生活中充满了各种各样的机遇，但若都是父母替男孩去捕捉机遇，男孩永远不会走向成功，所以父母的任务应该只是提供或指出各种机遇，启发男孩自己去抓住。

鼓励男孩走向社会，让他学会说"我自己来"

看看你的男孩，他的独立性怎么样？是温室里的花朵，还是搏击长空的雄鹰？父母是否像母鸡一样，把男孩护在自己的翅膀下？

如果有事，男孩能否一个人在家料理自己的生活？是男孩太小还是父母从来没让孩子干过？或是父母不想让男孩自力更生？遇到事情的时候，父母是否和男孩商量？是否采纳男孩的正确意见？是否支持男孩的正当行为与要求？

父母要更新观念，提高认识

父母要明白，男孩的人生之路最终还是要他们自己去走，身为父母帮得了一时帮不了一世，只有让男孩学会为自己服务才能为他人服务；也要让男孩明白世界上"一切要靠我们自己，从来就没有什么救世主""天上不会掉馅饼"的道理。只有离开父母的怀抱，才能锻炼出苍鹰一般矫健的翅膀，翱翔于长空中。

一只母鸡拾到一只鹰蛋，把它带回去与自己的蛋一起孵，小鹰和小鸡一块儿成长，母鸡待它视同己出。一天，一个猎人路过，一眼就看出了那只鹰，虽然那只鹰觅食和走路的神态都和小鸡差不多。猎人对母鸡说："这是一只鹰啊，你应当让它变为真正的鹰！"母鸡说："它是我的孩子。"猎人对小鹰说："你是一只鹰啊！"小鹰说："你错了，我是一只鸡。"于是猎人将小鹰带到一个小土堆上，举高小鹰，然后撒手，小鹰扑棱棱掉在了地上，然后迈开母鸡般四平八稳的步伐。猎人不免有些失望，但还是把小鹰带到更高的土堆上，举高小鹰，然后撒手，小鹰扑棱棱又掉在了地上，还是迈开母鸡般四平八稳的步伐。猎人又有些遗憾，但还是说："我们再来试一次！"于是，猎人把小鹰带到悬崖边，对小鹰说："这次就看你的造化了！"说完他举高小鹰，然后撒手，小鹰还是扑棱棱直掉下去，可是就在快要着地时，小鹰开始奋力扇动自己的翅膀，终于飞了起来，像一只真正的鹰！猎人欣慰地笑了。

鼓励男孩走向社会

知识在更新，社会在变革，新的时代要求父母把男孩培养成思维灵敏、判断准确、主意巧妙的智人，只有这样男孩长大后才能成为驾驭时代的人，未来的社会最需要的是既有技能又有知识的人。父母教育男孩一定要有超前意识，从幼儿期就应有意识培养孩子的安全意识和生活经验，告诉男孩"恶"与"善"。在生活中，应有意识地锻炼男孩的应变能力、独立处理危机情况的能力、保护自己的能力，这些都是日后成才必备的素质。

让男孩学会说"我自己来"

要制定一些引导男孩的策略。毕竟男孩年龄比较小，在训练男孩自理能力、服务技能的过程中，要懂得说服孩子的艺术，注意自己的策略，培养男孩的独立意识，规划男孩自己的生活，让男孩开开心心、轻轻松松地得到锻炼。具有生活自理、自我服务的技能是一个人生存与发展的基本能力，但是这种能力不是天生的，要从小加以鼓励和培养，多给男孩一些锻炼的机会。

Part 11
第十一章

学习潜能，授人以鱼
不如授人以渔

日本儿童教育学家岸本裕史曾经提出，一个能妥善而主动地处理好身边自己的事务的男孩，能与周围朋友和亲人愉快相处的男孩，在日常生活和学习上也一定具备了较强的主动学习能力。而这种能力就是种"学习潜能"——潜在的学习能力，它是促进男孩进步的原动力。如果父母在日常生活中不重视培养男孩的"学习潜能"，那么男孩的潜在学习能力就难以发展。

培养男孩的学习等多方面的兴趣

卡耐基有句名言："如果你能假装对工作感兴趣，那么这种假装的态度会使兴趣变成真的，并且消除疲劳。"

兴趣是学习的动力，兴趣是正向的，是点燃智慧的火花，探索知识的动力。有了学习的兴趣，才能产生积极的学习意向，男孩的学习才会积极、热烈、主动。反之，如果没有兴趣，学习将成为沉重的负担。那么，怎样培养男孩的学习兴趣呢？

爱好不等于兴趣

在这两个概念中，"爱好"的范围较广，所含感性因素较多，而兴趣是人们对某一事物高层次的需求。就比如有些男孩喜欢看电视，这只能说男孩爱好看电视，而非兴趣。所以，父母培养男孩的兴趣要多样化，但不能泛滥，要让男孩专注于一两门主要兴趣，而其他的兴趣作为一般爱好就行。

男孩有自己特殊的兴趣，没有谁比父母更能发掘他们的兴趣所在。引导和启发男孩的求知欲，男孩特别爱问"这是怎么回事？""为什么？"面对男孩千奇百怪的问题，有的父母则会显得不耐烦。然而，这些问题恰恰是男孩求知的萌芽，父母应该耐心面对，用通俗易懂的语言为男孩解释。

带男孩到大自然和社会中去

父母可以经常有意识地引导男孩到大自然中观察山川河流、日月星辰。比如，春天可带男孩去观察小树以及其他植物的生长情况；夏天带男孩去爬山、游泳；秋天带男孩去观察树叶的变化；冬天又可引导男孩去观察人们衣着的变化，看雪花纷飞的景象。男孩通过参加各种活动，可以丰富感性认识，提高学习兴趣，开阔眼界。

指导男孩参加一些实践

让男孩自己收集各种种子，试着栽种，养花草，也可饲养些小动物。随着男孩年龄的增长，可以启发他们把所听到的、看到的画出来，鼓励他们学会自己解决问题，查阅相关图书，到书中找答案。这样，男孩的兴趣广泛，知识面扩大了，学习能力也会在不知不觉中得到提高。

最先使男孩产生兴趣的一般是唱歌、画画和表演，当然这都是些模仿性的。对电子琴、手风琴、钢琴的兴趣都可以在幼儿时期唤起，这时不要求男孩能达到什么水平，而是以唤起男孩对各种乐器的兴趣为主。下棋更是如此，许多小男孩都喜欢跟大人下棋，也可借机进行培养。

善于学习，不能只会读死书

　　父母不要拿自己的男孩与别人的孩子比，这样只会培养男孩片面的竞争心理，对培养男孩的团队合作精神将是一个不小的障碍。

　　父母应尽量把自己对男孩的要求转变成对男孩的建议。当然，这并不是说要放任男孩自己去闯，也不是说要放弃履行父母的约束权，而是要尽量正确地引导男孩。

鼓励男孩用学到的知识解决实际问题

　　父母应鼓励男孩自己动手，鼓励他们用新学到的知识解决实际问题，让他们知道学习的实用性，而不是为了考高分。大家也许都应该记得，在学习时背诵数学公式或历史年代时是多么枯燥！如果学了知识而不去加以使用，那么，死记硬背的东西迟早会还给老师。建议父母在不影响男孩正常学习的前提下，和男孩一起做一些"实践中的学习"。例如，男孩学指数的概念时，让男孩拿一个银行存折来计算利息，当男孩看到利息一年一年以指数的方式累积下来，最终可能变成一大笔财富时，对指数的理解就不会再只停留在书本的层面上了。有一句格言讲得好："我听到的会忘记，我看到的可能会记住，只有做过的才能真正明白。"在教育男孩的过程中，这句话真的非常有效。

明白学习不只是为了分数

父母应鼓励男孩为了学习而学习，而不只是为了分数而去学习。比如，有一个男孩在考试时，有一道题他认为做对了一半，但却被全判错。当时，父母让他去问老师，但他不愿意去，因为老师肯定不会给他加分。父母就利用这个机会告诉男孩，去问老师的目的是和老师讨论解题的正确方法、学习知识，而不是为了加高分数，因为分数并没有那么重要。

网络可以说是不折不扣的知识海洋，善加利用也会收获颇多。例如各个学科的互动交流论坛、许多大学的网络公开课程、学生互助社区等，对男孩的成长很有帮助。当然，网络中也有很多负面的东西，所以，父母最好能经常告诉男孩在网络上学习的正确方法，引导男孩查阅资料，浏览相关的网站，而不是一直玩游戏。

不要只重视书本里的死知识

要对男孩说，学习时不要只重视书本里的死知识。作为父母，把握每一个机会，帮助男孩提升学习的境界，帮他们从死记硬背升华到融会贯通。

1.熟能生巧：在老师指导下学习，掌握课本上的基本内容，知道问题的答案。

2.能够举一反三：知其然，也知其所以然，具备思考的能力，掌握学习的方法。

3.能够无师自通：掌握了自修、自学的方法，可以在没有老师辅导的情况下自主、主动去学习。

4.融会贯通：可以将学到的知识灵活运用于工作和生活实践，能够懂得做人与做事的道理。

帮助男孩制定切实可行的目标

无论是在男孩的学习方面，还是兴趣拓展、潜力挖掘方面，甚至简单到做一件小的事情，有一个明确的目标都非常重要。一个人能有什么样的目标，就会有什么样的选择；有什么样的选择，就会有什么样的结果。

我们一生中会设立许多不同的任务和目标，要很好地完成它们，我们需要针对不同类型的目标采取不同的处理方法。

设立目标培养男孩学习动力

在做事之前，要看是短期目标还是长期目标。短期目标完成后往往就不再需要再重复，比如男孩在学习过程中遇到的各种考试，考过了，就跨越了一个门槛，进入下一个阶段，不用回头再来；而长期目标则可能是男孩生活中需要熟练运用的方法和技能。

在一个国际马拉松邀请赛当中，一个名不见经传的矮个子选手竟然出人意料地夺取了世界冠军。赛后，记者纷纷向他问道："您是凭借什么优势取得如此惊人的成绩的呢？"这位新晋世界冠军只说了一句话："我是凭智慧战胜了对手。"当时，很多人都认为这个偶然跑到前面的矮个子冠军是在故弄玄虚。因为在大家看来，马拉松赛是考验耐力和体力的运动，说用智慧取胜确实有些勉强。可是，在两年后的又一次国际马拉松比赛上，这位选手又夺得了冠军。他对记者还是只说了那句话："用智慧战胜了对手。"他说："在每次比赛之前，我都要乘车把比赛的线路仔细地过目一遍，并将沿途比较醒目的标志记下来，比如第一个标志是学校，第二个标志是一个银行，第三个标志是一座红色房子……比赛开始后，我就以百米的速度奋力地向第一个目标冲过去，等第一个目标到达后，我又以同样的速度向第二个目标冲去……"

帮男孩制定切实可行的学习目标

给男孩制订学习目标的时候，要尽可能符合孩子的实际。

一是男孩要和学习基础和接受能力吻合，不做"低水平高要求"或"高水平低要求"。比如男孩只有 60 分水平，你要求男孩下次考 100 分；男孩有 90 分水平，父母仍要求男孩下次考 90 分。

二是控制好男孩能自由支配的时间，按时间来制订他的计划。

爱因斯坦曾经说过：兴趣是最好的老师。对刚进小学的男孩，保护他对学习的兴趣、快乐感和信心是第一重要的。如果一个男孩从小就喜欢摆弄飞机模型，父母就应当鼓励男孩，跟他一起制作航模，鼓励他参加各种航模比赛，并且争取获得好成绩，还可以引导男孩把考上著名的大学作为一个远期目标。

鼓励男孩持之以恒达成目标

对男孩来说，坚持计划比制订计划要困难得多，因为不完成计划的理由太好找了："今天的电视太好看了""今天搞卫生耽误了时间""今天我不太舒服""今天的晚饭迟了"等，父母绝对不能允许男孩以类似的理由塞责，因而放松自己对男孩的要求；相反，要让男孩随时提醒自己，别忘了当初的承诺和决心！

切实可行的学习计划需要父母的帮助

　　凡事预则立，不预则废。一份理想的学习计划能帮助男孩合理安排时间、明确学习目标、增强学习的积极性和自觉性、提高学习效率……学习计划对男孩学业的重要性，相信每位父母都知道！

　　不过，很多父母都认为，制订学习计划是男孩和学校的事。父母虽然会根据学校要求督促男孩制订学习计划，但与男孩一起制订学习计划的却不多。

制订一份理想的学习计划，非得父母帮忙不可

　　不知道父母有没有看过自己家男孩制订的学习计划？由于思考深度、认知水平、表达能力等方面的局限性，很多男孩的学习计划其实对实现学习目标、完成学习任务并无实质性的作用。学校要求男孩制订学习计划从更大程度上说是期望借助制订计划这一形式让男孩了解计划的重要性，并养成制订计划的好习惯，但是男孩制订的学习计划是否合理就不一定了，因此，低年级特别是学习能力偏弱的男孩，要想制订出一份理想的学习计划，非得父母帮忙不可。

制订一份完整的学习计划

　　一份完整的学习计划通常包括时间安排、学习目标、具体的实施办法等内容。在制订

学习计划时，父母一定要引导男孩充分考虑以下几个方面：

1. 为什么学习，即学习的意义和目的。这是男孩主动、积极学习的动力。

2. 学什么，达到什么目的，即学习的对象和目标。这是学习计划的实质性部分。

3. 我是"谁"，即男孩的实际情况。例如，男孩的基础水平、个性特点、学习能力、学习风格、弱项和优势等，这是保证计划切实可行的重要前提。

4. 与谁一起学习，向谁请求学习上的帮助。一个学习能力强的学习伙伴，一个好的老师，对男孩的学习都有极大的促进作用。

5. 具体的学习措施和方法。这是确保学习计划得以实施的必要条件。

如何保证男孩的学习计划切实可行

心理专家认为，切实可行的计划必须保证每一步骤、每个环节的有效性，一个有效的办法是对目标进行划分。对于一个学习成绩为 70 分的男孩，不能直接将学习目标确定在 90 分，而应该循序渐进，依次设置为 70、75、80、85、90……这样才能使男孩不断体验学习的乐趣和学习成功的喜悦，不断发展，不断进步，一步一步迈向终极目标。

男孩的"最近发展区"在哪里

男孩的"最近发展区"是指男孩的现有水平与经过一定努力可以达到的水平之间的区域。根据男孩的"最近发展区"来确定学习目标，可以避免其学习目标过低，对男孩的学习没有刺激和激励的作用；也可以预防"好高骛远"的恶果伤害男孩的学习热情和学习积极性。

计划通过实施才有价值和意义

在帮助男孩制订好学习计划后，父母还应经常督促男孩执行学习计划，定期检查男孩完成学习计划的情况，并根据实际情况来帮助男孩调整学习计划。有理由相信，一个不折不扣地执行着一份切实可行的学习计划的男孩，他的成绩一定是优良的，他的学习一定是卓有成效的，他的父母一定是快乐、轻松的！

让

自主学习成为男孩的一种习惯

　　自主学习同时也是学习者根据自己的学习任务、学习能力，积极主动地调整自己的努力程度和学习策略的过程。

　　培养男孩对学习的主动意识和自我监控，并养成良好的学习习惯，是促进男孩提高自主学习能力的重要因素。父母应抓住男孩学习的主动意识和行为习惯，让男孩学会学习、学会合作、学会探究，培养男孩自己的个性。

培养男孩自主学习的观念

　　自主学习主要是诱发男孩正确的学习动机，培养孩子的态度、兴趣和求知欲。随着男孩年龄的增长，来自外部的奖励、表扬为主的动机强度逐步减弱，而与兴趣认知有关的内部动机逐步开始占主导地位。如果男孩通过自主的学习活动不断地获得成功，而成功的体验又促使其进一步学习，那么这种动机才是最持久、最稳定的。

　　一位妈妈买回来一个菠萝，好奇的男孩被这个从未见过的东西给吸引住了，这位妈妈可能会有两种方式对待好奇的孩子。

　　一种方式是：妈妈告诉男孩："这是菠萝，可以吃，它的外面是很尖、很硬的刺，它很重，你先不要去摸它和动它！它是圆的你可以滚动它。你闻闻，菠萝闻起来很酸。现在我们将它拿到厨房去切开，切好后先用盐水泡一泡，吃起来就会又香又甜。"

另一种方式是：妈妈告诉男孩"这是菠萝"，然后就把菠萝放在男孩面前的地板上，自己先去忙其他事情。好奇的男孩一定会对这个菠萝"采取行动"，比如可能伸手摸了一下菠萝，赶紧就将手缩了回来，并且对着妈妈喊："妈妈，这个菠萝很扎手，我被它扎了一下。"妈妈回应说："是的，孩子，菠萝会扎手，不要紧的！"于是，男孩又尝试抓起菠萝的叶子，将它拎了起来，可是菠萝很重，男孩很快就把它放下了，说道："妈妈，这个菠萝很重，我拎不动它。"妈妈回答道："是的，菠萝很重。"男孩可能又尝试着滚动菠萝，结果真的将它滚动了，他高兴极了，说道："妈妈，我滚动了菠萝。"妈妈也很高兴地说道："你真能干！"男孩说道："妈妈，我闻到一股香香的气味，菠萝是不是可以吃？"妈妈答道："对，孩子，菠萝是一种水果，可以吃。"男孩问道："怎样吃呀？"妈妈答道："把皮先削掉，切成一片一片，用盐水泡一泡，就可以吃了。"男孩说道："让我试一试……真好吃！"

父母要做自主学习的模范

父母既要做自主学习的模范，又要敢于创设男孩自主学习的家庭环境。根据心理学家的研究追踪，男孩的个性发展与父母的教育态度和方法密切相关，男孩的心理素质是在外界环境影响下逐渐建立起来的。父母要想使男孩具有自主学习的习惯和能力，一方面父母要以身作则，要多思考问题，多读报，多看书，加强学习，时时处处做男孩的表率；另一方面，父母还要为男孩创造自主学习的家庭环境。和谐的家庭环境对男孩的学习来说，是很重要的。

引导男孩认识自主学习的重要性

自主学习的关键是突出男孩在学习中的主动意识，即在培养男孩学习能力和知识的同时，重视培养男孩学习的态度、情感和习惯，使他们既获得正确的价值观，又掌握适合自己的学习方法，为男孩终身学习和持续学习奠定基础，并产生积极的影响。所以，父母在培养男孩自主学习能力时必须经常与男孩进行交流，及时了解男孩的情况并给予适当的支持和帮助。

向男孩指出自学能力是必须要有的能力

　　数学家华罗庚曾经说过："自学，就是一种独立思考，独立学习的能力。"学习是孩子自己的事，自学能力最能体现一个孩子的主体作用。自学能力是每个孩子都必须掌握的一种能力，需要父母及早培养。

　　学习能力比学习成绩更重要，学习能力就好比捕鱼的本领，而学习成绩就好比抓到的鱼。对男孩父母要授之以渔，而不是授之以鱼。只要掌握了打鱼的能力和本领，何愁捕不到鱼呢？

向男孩指出在人的一生中，老师的指导是短暂的

　　很多男孩已经习惯了"师讲生听"的被动学习习惯，而今要转变成自己积极参与教学过程而去主动学习，难免会有些不习惯。针对这种情况，就应向男孩指出人的一生中，在老师指导下的学习时间是短暂的，今后的人生是漫长的，而21世纪是知识经济时代，新技能、新知识、新观念层出不穷，只有会自学才能不断获得大量的新知识，进而创造性地运用自己所学到的新知识，做到生命不息，学习不止，才能跟上时代的步伐，以适应现代化建设的需要。因此，世界上许多名人都将自学比作打开知识宝库的钥匙，使男孩对自学有正确的认知，并渴望掌握这把钥匙。

指导男孩自学的方法

培养男孩的自学能力，首先要指导男孩掌握自学方法。例如对于数学来说，良好的学习方法有很多：课前预习：因为各类男孩预习所用时间不同，放在课堂上不好把握，让男孩在课前完成对导学案的预习，既可以保证男孩预习的质量，也可以节省课堂上的时间，但老师一定要对预习的情况有所考查。导学案的预习一定要充分：课前男孩充分预习导学案，自己先解决一部分问题，同时用红笔标出不理解的问题，使学习变得更具针对性，提高了学习的有效性，也节省了时间。预习可以使男孩带着问题听课，提高听课的质量。

相信男孩有自学能力

相信男孩有自学能力，并着力去培养开发男孩的这种能力。很多老师对男孩稍微思考一下就能明白的知识也详细讲解，其态度可谓认真负责，但效果较差。一堂课讲下来，自己累得很，孩子也没有尝到学习的乐趣。现代中国有很多著名的教育家从不主张给孩子留课外作业，而是靠课上精讲多练，合理组织教学，提升课堂质量，培养学生学习钻研的兴趣。

充分调动男孩自学的积极性

父母需要悉心观察，要千方百计激发男孩的学习兴趣，充分调动他们学习的积极性，让他们在研究中获得知识，在发现中得到快乐，在探索中提高自主参与的能力和意识。父母要鼓励男孩好问、好奇，鼓励男孩从多角度分析问题，逐步培养创造能力和求异思维能力。辅导男孩利用多种方式去探究，或者自己潜心去思考，或者利用工具书，或者在网上去搜索，或者去图书馆查阅资料等，让男孩体会到攻克难题后的喜悦。

把你的男孩"赶"出家门

自古以来有闺中少女之说，而如今的家庭里也藏有不少闺中少男。一些父母舍不得让男孩到外边跑，于是限制着男孩的户外活动，导致他们养成了"宅"的习惯。

生活出智慧，实践出真知，丰富的经历对一个男孩的成长和发展来说的确是非常重要的。但未成年的男孩，一般不知道如何接触社会、如何独立、如何增长见识，年少的他们只把自己封闭在成长的家庭摇篮里，故而有了闺中少男。这就需要父母合理地加以引导，将男孩"赶"出家门，让他们出去锻炼。

把男孩"赶"出家门

父母不应该把男孩圈在家庭这样的小范围内，而是应该尽量让他多出去走走，让他用心灵去感受这个世界，用眼睛去观察这个社会，多一点知识，多一份见识，对男孩的综合发展有着良好的促进作用。

小陈是一个11岁的都市男孩，爸爸妈妈都是白领。每天早晚，小陈都由爸爸开车接送，在学校深得老师的喜欢，生活得非常平静，亦非常幸福。在家里，一切都由爸爸妈妈安排，什么都不用操心。他所经历的生活就是从家到学校，再从学校到家。一次，学校要举行知识竞赛，同学们都积极报名，小陈也争着要参加，然而竞赛是采取现场答题的模式，面对见多识广，知识丰富的竞争对手，小陈感到大为难堪，心中无比惊慌，素来被宠惯的小陈很快就被击垮了信心。知识竞赛之后，小陈发觉自己不懂的太多了，他不知道番薯是在地下生长，不知道稻谷是什么颜色。竞赛虽结束了，小陈的内心却闷闷不乐：平时爸爸妈妈也没有告诉过我这些，老师也没讲过呀！这是一件多么让老师、父母尴尬的事情。狭小的生活范围使孩子看不到生活圈和书本以外的东西，渐渐成为井底之蛙。

把男孩"赶"出家门，首先就从日常生活开始

有位父亲，每天把男孩从学校里接回家后不是直接把他关进书房，而是带男孩在社区里漫步，看到捡垃圾的阿姨就告诉男孩生活是多么艰辛，看到花丛的蜜蜂就启迪男孩人生的意义在于辛勤劳动，看到云中的飞鸟就提示男孩应像鸟一样自由。这位父亲每天都会带着男孩去观察生活，最后才回家辅导男孩写作业，并把当天的感受都写下来。这是一位智慧的父亲，他的智慧在于能够带着男孩的心走出家门。

把男孩"赶"出家门，就要鼓励男孩多参与集体活动

一个小男孩的爸爸常常在下班后给孩子讲述各种战争故事，并亲自去做导演，让他的男孩和邻居的男孩一起表演故事中的精彩情节，让许多惊心动魄的历史故事在男孩的身上亲自演绎，这样就让男孩感同身受，既有了亲身的体会，也增长了许多知识。

把男孩"赶"出家门，就要为男孩创造远行的机会。有些父母在长假期间，会带着男孩去远方旅行，在旅途中进行言传身教，让男孩在广阔的天地里接触各种新鲜事物。这样的父母是非常明智的，他们懂得从小塑造男孩开阔的胸襟和远大的理想。通过旅行，让男孩增长了见识，也让男孩懂得了梦在远方。

父母不要盲目替男孩请家教

很多父母都会有这样的疑问："我的孩子天天请家教，怎么还是学得一塌糊涂呢？"诚然，许多男孩在学校学习会出现类似于偏科这样的问题，很多父母在这时往往会盲目地去请家教。

盲目请家教是不明智的，对于男孩不擅长的学科，应该仔细分析原因，选择合适的解决方案。父母首先要做的，应该是提起男孩对不擅长学科的兴趣，否则不管做什么，效率都不会高。

请家教有好处，但是不可盲目从众

当男孩在学习上出现漏洞，特别是当男孩个别的学科学习成绩出现滑坡，或感到学习吃力时，短期请家教确实能及时补上欠缺的知识，不至于让男孩因一门功课的成绩不理想而产生思想上的压力，对其他学科的学习造成连带的影响，从而丧失了全部信心。其次，家教采用的是有针对性的单独教授方式，可以弥补大班授课的缺陷，以更好地体现因材施教。一对一的授课方式，会使男孩的心理比较平衡，不会产生被冷落和被轻视的失落感，学习兴趣也会越来越浓，成绩自然就会越来越好，自信心也随之增强。

但是在请家教之前，父母应该对自己的孩子有所了解。有的男孩适合报学习培训班，有的孩子不适合报学习培训班，首先看看自己家的男孩属于哪一个类型的，是属于贪玩厌学、网络成瘾，还是粗心马虎、应试紧张，还是属于全优拔高型。要针对男孩的某块知识薄弱环节进行辅导，不要盲目地去报学习培训班，报大班就等于重复原有的课程，老师不可能将每一个孩子都照顾周到，很多时候就会出现将男孩会的知识又讲了一遍，不会的还是不会，这样就等于浪费时间。现在家教的老师有很多，关键得找一个适合男孩，至少能激发男孩的学习兴趣，从兴趣入手，注重教育男孩突破学习瓶颈和掌握学习方法，必须了解考题动向，有责任心的老师。

家教运用得不得当，就会给男孩带来负面影响

如果男孩习惯性地在课堂上注意力不够集中，平时不够认真学习，那么为这样的男孩请家教，会使男孩产生一定的依赖思想。他们会在潜意识中形成这样的看法："反正放假以后还有人辅导，平时学得好不好都没关系。"于是男孩在平时学习的时候就更加懈怠了，久而久之，反而会助长男孩的懒惰思想，而家教也很难把课堂上所学的内容全部补回来。像这样请家教，结果只能是得不偿失。因此，父母不该盲目从众。

父母的盲目行事，很容易让男孩滋生不良心理

有的父母认为为男孩花大价钱请了家教，再学不好就不是父母的责任了，这样的做法只是为自己求得心安理得罢了，而不是为孩子着想。由于父母的盲目行事，很易滋长男孩某种不良心理，如炫耀、攀比、懒惰等。其实，他们请家教的目的不在于教导孩子学习多少知识，而是把家庭教师当作安慰自己的"筹码"，有的父母甚至采用"马拉松式"的家教，增加男孩的负担，结果适得其反，使男孩产生厌学情绪，对男孩的成长有百害而无一利。

男孩的思维能力比分数更重要

在很多教育专家看来，现在的教育把孩子当成了考试机器，靠题海战术灌输标准的答案来提高学习成绩，孩子每天起早贪黑地上课学习，连睡眠时间都不够，这种教育模式是非常不健康的。

学习的最终目的是为了幸福生活，所以不要只盯着分数看，要鼓励男孩自己动脑、动手，用学来的知识去解决身边的问题，让男孩学有所用，而不是为了考试才学习。

男孩的思维能力比成绩更重要

人的思维是对外在事物的主观反映，是随着事物的发展而变化的。社会总是在发展的，事物也在不断地变化，所以人类对事物的看法不可能一成不变。做父母的要学会锻炼男孩的思维能力，让男孩经常独立去思考问题比让男孩背诵古诗古文要强得多。孔子曰："学而不思则罔。"这句话的意思是说，读书的时候要经常思考，否则就会陷入迷惘。如果学习了知识却不能运用，知识就是死的。老子教导人们要观察所有的事物，包括观察知识的规律，知识如果没有经过实践也属于外在的形式，学习知识要在实践中获得检验，思考和体悟知识才能得真智慧。

品行比成绩更重要

品行与成绩相比，哪个更重要？答案是不容置疑的，当然是品行更重要。有德有才是精品，有德无才是次品，无德无才是废品，有才无德是毒品！然而，大家遗憾地看到，很多父母对此却认识不到，走向另一面的极端。目前，不少父母表示对男孩的品行教育有心无力。有些父母无奈地说："竞争如此激烈，我们将全部精力都用到了孩子的学习上，哪还有时间去管他的品行。" 良好的品德是男孩立足社会的基础，重成绩轻品行是对男孩无形的伤害，这种观点不由得使人对下一代的成长健康充满了忧虑。

善于学习比学习成绩更重要

男孩的学习习惯比成绩更重要，养成良好的学习习惯，会使男孩终身受益，而学习成绩只能证明男孩近阶段对课本知识的掌握情况，并不能代表男孩以后的学习能力。所以，不要把男孩的成绩看太重要，养成好的学习习惯、打好基础远远比成绩更重要。父母对男孩的期望要尽量合理化，要根据男孩的实际能力来定。如果老是对男孩提出不可能达到的目标，时间久了，男孩可能会自暴自弃，不去努力了。所以，尽量不要把男孩和别的孩子比，让男孩和自身比较，只要进步了，哪怕很小的进步都是成功。

Part 12
第十二章

性别教育，让男孩意识到自己的性别

由于生理上的特点，男孩和女孩的性格、行为存在很大的差异，男孩喜欢玩枪、汽车，喜欢攻城掠寨、冲锋陷阵；女孩则钟情于小餐具、洋娃娃，喜欢玩过家家。很多父母认为，孩子的性别行为特征是天生的，不用父母教，男孩长大后自然就会有种男子气概。但事实否定了他们的这种看法。如果性别教育不正确，长得高大的男孩也会变成"娘娘腔"。

如果发现男孩出现了"娘娘腔"

所谓"娘娘腔"，指的是男孩在行为上某种程度的女性化，具体表现也是因人而异。其中，比较典型的行为特征包括走路踩"碎步"、说话发嗲、动作扭捏、喜欢与女孩玩等。

一般来说，性格柔弱不会对男孩的身体健康造成影响，却可能给男孩的心理健康带来某种程度的负面影响。而这种性格和遗传因素无关，是由后天教育造成的。

注意鼓励男孩勇敢刚毅的表现

父母要注意自己在男孩面前的表现，尤其是母亲更要注意自己的言行表现，多数女性在遇到突发状况或意外时，会张皇失措，失声惊叫，男孩见到此景，也会吓得魂不守舍。父母在对男孩进行性别角色教育时，应注意鼓励男孩刚毅勇敢的表现，爱护男孩的独立性和创造性。比如，男孩子比较喜欢登高爬梯，父母此时不要大声吓唬男孩："掉下来就没命了！"这样会使男孩的胆量越来越小。父母应该赞赏男孩的勇敢精神，同时要给男孩讲清只有在大人的保护下才能爬高并且要做好保护措施的道理。这样既保护了男孩活泼好动的天性，又使男孩增加了安全意识。

如果发现你的男孩出现了"娘娘腔"

父母不要大惊小怪。要知道若表现出"大惊小怪"，只会加深男孩对自己的"异样感"，进而发展为内疚感、自卑感，时间久了，也会难以克服。

注意表示"期待"的言语。有些父母特别是母亲，经常会当着男孩的面说诸如"我但愿他是个女孩"或"我真想有个女孩"等表示自己的"希望"或"期待"的话。殊不知说者无意，听者有心，长此下去孩子便可能在自觉或不自觉中让自己的行为方式、性格等，有意地向女孩"靠拢"。更糟的是，还有的父母出于对女孩的偏爱或其他种种原因，竟然将自己家的男孩"装扮"成女孩模样。父母的这类做法会在一定程度上助长男孩的"娘娘腔"倾向。

给男孩树立榜样。要是当父亲的自己有"娘娘腔"，就应该有意识地尽量予以克服，以免男孩"依样画葫芦"。

鼓励男孩多出去玩耍。特别应该鼓励男孩与男子气较足的大男孩玩耍，而"脂粉气"较重的男孩则不要过多地纠缠在一起，以免相互之间产生更多的负面影响。

循循善诱，而不是责备呵斥男孩

父母在帮助男孩克服"娘娘腔"时，务必循循善诱，而不是责备呵斥，此外，最好做到"不留痕迹"，不要让男孩知道父母讨厌他这种性格。如果经过种种努力，但男孩的"娘娘腔"行为仍不见好转，也不用苦心神伤、长吁短叹，因为"江山易改本性难移"，要有持之以恒的决心，改变性格需要一个很长的过程，不是一朝一夕就能办到的。

研究显示，排行最小的男孩或独生子，表现为"娘娘腔"的概率往往较高。这是因为年纪最小的男孩在家中往往更受呵护，因而也就往往更容易缺少独立性。父母不妨对男孩多放权，让他们有更多独立自主的机会，这样也能够让男孩的心理变得更成熟一些。

巧妙应付固执的男孩

中国人传统上一直要求男孩沉稳内敛，总是想办法约束男孩的行为，其实好冒险、爱动是男孩的天性，父母不可以过多地压抑。

男孩需要自由的行动和广阔的空间，他们依靠攀爬和运动来促使大脑健康发展。当男孩又在摆弄他的玩具或"修理"家里的小件电器时，父母请不要束缚他，而是要在保护他们的安全的前提下尽量不干涉男孩，并且相信男孩的能力。

父母不能采用"堵"的方法

男孩大多有冒险的欲望，越是被父母认为不能尝试的东西，男孩越想尝试。父母不能采用"堵"的方法，而应采用疏导的方法，多给其讲一些安全常识，教会男孩保护自己。父母要允许男孩冒险，教男孩用更安全的方式满足其好奇心。

6岁的亮亮忽然对电产生了兴趣，一天，他竟然拿了根小铁丝要去插接线板插孔，看有没有电。当然，这个可怕的动作及时被妈妈发现了。但是，聪明的妈妈并没有大声责骂，勒令孩子马上住手，而是先阻止亮亮的动作，并对亮亮说："宝贝，来，妈妈给你找个比小铁丝更好玩的东西。"说着，妈妈带着亮亮去另外一个房间找来了一只测电笔。亮亮用测电笔去碰触接线板的插孔，测电笔的灯立刻就亮了，而测电笔的灯离开插孔后，灯就灭了。看到这种奇怪的现象，亮亮拍着手边跳边喊："妈妈，真好玩，真好玩！"这时，妈妈才认真地对亮亮说："孩子，你手里拿的这个东西名叫测电笔，它是用来检查接线板、电线是否有电的。它不是玩具，是用来防止触电的工具。你知道妈妈为什么不让你拿小铁丝做这个游戏吗？"亮亮若有所思地摇头。妈妈解释道："因为电是非常可怕的，它会通过小铁丝传输到人的身体上，会将人电得很痛，甚至会将人电死。""那为什么用测电笔去触电人就不会死呢？"亮亮歪着小脑袋问。"你这个问题问得真棒，妈妈问你，电线的外皮是用什么材料做的？""塑料呀！""对呀，塑料是绝缘体，能够包住电，所以电线中的电才不会跑出来。你看这个测电笔，手拿的这一端不就是塑料吗？所以，它才不会使人的身体触电。"亮亮听了妈妈详细的解释，满意地对妈妈说："我明白了，谢谢妈妈。"

父母要学会巧妙应付固执的男孩

男孩对于某些冒险的事项表现得十分固执，此时，父母不能强硬制止他，这样既会伤害男孩的自尊心，也打消不了男孩的冒险冲动。男孩想冒险，可是有些行为还不适合这个年龄段的男孩玩，这时妈妈不要强制男孩服从或直接反对，这样会造成逆反心理，也无法让他们明白父母反对的原因。父母不妨旁敲侧击，采用间接的方法，借他人之口实现父母自己的说教，尤其是同龄人的劝解，会让男孩更容易认同。

不要过于限制男孩的行为

很多时候，父母喜欢限制男孩的一切出格行为，把它们视为"坏男孩"的表现。事实上，男孩喜欢做出格的事，是他们冒险意识的表现，这会锻炼男孩的动手能力、探索能力，使男孩在这些行为中满足自己的探索欲望。男孩出格并非坏事，父母只要善于引导，就可以开发男孩的潜力。父母要在保护男孩安全的前提下，鼓励男孩在生活中多做"出格"的事。这是对男孩天性的维护，也是对男孩能力的培养。

父母要警惕男孩"入园综合征"

国家义务教育法规定年满6周岁的孩子入学，是根据这个年龄的孩子的心理和身体状况发展到一定的程度、能够适应学校学习的条件而做出的规定。

孩子正式上学时的反应是不一样的，这一点很多父母深有体会。初次进入陌生的学校时，有的孩子感到很害怕，一边哭喊，一边紧紧地抓住妈妈的衣服不肯松手，这是正常反应。大多数孩子在熟悉了学校以后就不会感到害怕了，但是也有少数仍然难以适应，有时甚至会因此影响到身体健康，因此父母必须对此有所警惕。

警惕男孩"入园综合征"

1. 精神方面

有些男孩好动、易怒，有佝偻病、缺钙的男孩症状更为明显，平时在家由老人带，总被溺爱，胆小的男孩或与生人接触少的男孩哭闹得更厉害。男孩若离开父母或家人的保护，到了一个不认识的新环境就会失去安全感。尤其幼儿园老师态度不够温和或缺乏耐心时，男孩更容易产生疏离感，容易恐惧害怕。

2. 作息、饮食方面

平时在家饮食缺乏规律，不定时吃饭、挑食的男孩更明显，有些男孩自己不会吃饭，必须他人喂饭，到幼儿园以后更不适应。有些男孩怕幼儿园老师，因此不愿在幼儿园排便，造成习惯性便秘。

3. 容易感冒，免疫功能下降，睡眠不宁，哭闹不安，饮食不佳，喝水少，大便干结，都容易上火，造成机体脏腑功能失调。

对新入园的男孩应该倍加呵护

在精神上，应该多注意安慰男孩，男孩哭闹时应该哄劝，不要恐吓或斥责。对新入园的男孩应该按时接回家，告诉男孩如果不再哭闹，第一个接男孩回家，使男孩有安全感。父母千万不能因为工作忙，晚接男孩，常常只剩男孩一人在幼儿园等。幼儿园小朋友多，玩具也多，一般经过一段时间，男孩对新环境慢慢熟悉了，对老师和同学产生感情，恐惧心理就会逐渐消除，很多男孩会主动要求去幼儿园找小朋友玩。

鼓励男孩多说话、多玩耍

在幼儿阶段，应该让男孩尽情享受玩的乐趣，在玩的过程中慢慢开发男孩的智力和促成良好习惯的养成，这对男孩的成长会非常有好处。由于性别差异，男孩和女孩的成长状况也会有不同：女孩子成熟相对早些，也比较容易静下心来，所以多数女孩在读小学时比男孩进步得要快些。而男孩子在读一年级时适应学校学习生活的时间一般要长得多。另外有些家长望子成龙，过早让男孩入学，往往导致孩子学习跟不上而不自信。因此，孩子不宜过早入学，以免导致男孩出现长时期不适应学校生活的情况。

从小培养男孩的男子气概

　　男子气概是一种阳刚之气，拥有男子气概的人总会散发出无穷的魅力。有时男孩为了表现自己的男子汉气质，甚至敢于尝试一些极具挑战性的事情，因此这种气质对于男孩的成长有一定的好处。

　　对于大多数小男孩来说，因为能够接触的人很有限，他们常常将爸爸当做自己的模仿对象。这时候，在男孩眼中，爸爸的行为就是准则。孩子的思想是单纯的，缺乏分辨能力，因此身为父亲要以身作则，格外留意自己的言行，为男孩做个好的榜样。因此，在培养男孩的男子气概时，父亲起着关键性的作用。

小小男子汉

　　当男孩的年纪还比较小时，一般都不能够正确地理解男子气概，往往会弄出很多笑话。

　　浩浩在4岁的时候，一次生病发烧，妈妈就带浩浩去医院打针。医生手里的针刚一扎进屁股，浩浩哇的一声大哭了起来。妈妈见儿子哭得厉害，小肩膀也直打战，一心疼自己也忍不住哭了起来。男孩看到妈妈哭了，立刻停止了哭泣，揉着眼睛问妈妈："妈妈，针又没有扎到你，你哭什么？"妈妈给男孩擦了擦眼泪，说："妈妈胆子小，看见你一哭就害怕。"闻听此言，男孩转而显出一副无奈的样子："嗨！你们女人太胆小了。算了吧，以后我打针你就甭进来了，我一个人进来打！"第二天，男孩壮着胆独自走到医生护士面前，大声说："你扎吧，我不痛！"妈妈和护士都被这个小小男子汉给逗笑了。

让男孩了解什么才是真正的男子汉

男孩的父亲有责任通过自己的行为，让男孩了解什么才叫真正的男子汉。像有些父亲一样，他们会用自己的行动及语言去向男孩证明真正的男子气概是什么，告诉男孩真正的男子汉总是不怕困难，能够始终坚持梦想，同时还能帮助弱小、助人为乐，这可以使男孩改变一些原来错误的观点。另外，能够体现男子气概的品质还有很多，如坚强、乐观、勇敢等，父亲可以根据具体的情况，通过自己的行动分别向男孩传授这些观念。

管教男孩，权威是关键

一位儿童心理学家曾经说，妈妈对男孩发出的温柔警告如"孩子，不要这样做"，对于男孩的一些恶劣行为，如爱玩、好斗、调皮等，作用是有限的。因此，在这时，严格管教男孩就十分必要，而权威是关键。对父母来讲，权威的尺度是比较难把握的，把握不当，便会使教育走上极端，而对男孩过于严厉，会压制男孩的成长；对男孩过于宽容，又会使男孩变得骄纵任性。因此，每一位父母都要合理把握权威的"尺度"，做到坚持原则。

巧妙应对男孩的"叛逆期"

在男孩成长的过程中，一般 3 ~ 4 岁是人生的第一"反抗期"，是男孩性格形成期，也就是常言说的"三岁能看大，七岁能看老"。这时期的男孩不再像以前那样听话，经常和大人"闹独立"。

当父母提出某种要求时，男孩往往会说"不要你管"或"我不"，如果父母加以干涉，男孩就容易变得非常暴躁。男孩的这种独立性倾向常常被父母认为是不听话，实际上这是男孩的"反抗"心理，是独立性和个性发展的重要标志，是一种正常的心理发育现象。此时，如果对男孩横加干涉或者责骂惩罚，男孩可能会暂时变得听话，但同时其自信心和自尊心会受到伤害，独立性的发展便会停滞不前。

不要忽视了对男孩心理素质的培养

父母在教育男孩时，往往只关注男孩的衣食住行及智力教育，却忽视了对男孩心理素质的培养。有关研究人员对 3 ~ 6 岁男孩的心理素质进行了抽样调查，发现有 28.33% 的男孩有任性的表现，那么，这是怎样形成的呢？

1. 男孩的任性行为在一定条件下，是父母对男孩过分宽容、娇纵的结果，常常是在父母的纵容下慢慢形成。而放松教育和溺爱，无节制地满足男孩穿、玩、吃的要求，无一定行为准则和生活常规，则是男孩产生任性等不良品质的温床。

2. 有的男孩自制力差，易冲动，情绪不稳定，思维带有刻板性与片面性，可能是由于父母长期用打骂、训斥等粗暴方法教育男孩造成的。这样往往使男孩产生逆反心理，以执拗来对抗父母的粗暴，发泄不满，更助长了男孩的任性行为。

3. 男孩不听话，父母的愿望和要求难以实现，有的父母感到无奈，于是对男孩放任自流，久而久之，导致任性性格的形成。

给予男孩更多的自主性

父母应充分注意男孩的这一特点，给予男孩更多的自主性。过多的指责和批评反而适得其反，导致父母说得不对的男孩不听，说得对的男孩也不听。与其这样，不如给男孩提供具体的帮助和建议，而不是说教。比如可以教男孩做他们不会做的题，或者在学习方法上提一些较为具体的建议。另外，在情感方面一定要多接近，多沟通，可以多带男孩出去玩，但是要给男孩选择的权利，比如去哪里玩让男孩选择等。

当男孩遇到挫折时

当男孩遇到挫折时，作为父母，要适时地给予帮助、开导和鼓励。首先，要给男孩讲明道理。告诉男孩，人的一生不可能会一帆风顺，总会经历一些这样或那样的挫折，人都是在各种各样的挫折中经受磨炼，并茁壮成长的；其次，要分析其原因。和男孩在一起认真分析此次失利的主客观原因，并帮助其总结经验，吸取教训；再次，要多加鼓励。"失败是成功之母"，要鼓励男孩从哪里跌倒就从哪里爬起来，挫折并不可怕，最可怕的是意志的消沉和信心的失去。

对付不听话的男孩，除了打骂还有更好的方法

古人说棍棒底下出孝子，但是这种教育观点已经不适应现代社会的发展要求了。那么，除了打骂之外，有什么更好的教育方法呢？

从医学角度来说，臀部是人身上软组织最多的地方，但如果打击力超过孩子承受能力，尤其反复、连续的打击，就会造成大面积软组织挫伤及出血。因此体罚不仅影响孩子心理健康，也会严重损害孩子的身体健康，并非好的教育方法。

男孩不听话怎么办

男孩不听话怎么办？男孩的好奇心很强，什么事都想去试一试，想自己做主，逆反心理也在逐渐增强，遇到此种情况，可以从以下几点着手。

1.冷静对待，当男孩发脾气要赖时，让男孩独自在一个屋子里待一会儿，不要急于去说服男孩，过不了多久，男孩就会安静下来，这时再和男孩讲道理，男孩会比较容易接受。

2.适当体验，有时男孩解决问题的方法并不正确，这时，在没有危险的前提下，父母不妨让他先尝试下，当男孩碰壁时，再给其讲讲道理，男孩不但乐意接受，还能学到经验。

3.交流沟通，当男孩做错事时，不要一味地训斥、指责，要耐心进行询问，男孩为什么要这样做，并帮男孩分析这样做的后果，使男孩认识到严重性，以后学会如何解决此类

的问题，调控自己的情绪。

及时鼓励男孩

当发现男孩有一点进步的时候，父母对他的鼓励比任何良药都管用，表扬男孩可以极大地提升他的信心，男孩就会自觉地约束自己的行为，逐渐改变不良的习惯。可以给男孩讲一些名人的故事，榜样作用不可小视，然后让男孩说说自己从故事中知道了什么。也可以用男孩身边听话的孩子做榜样，引导男孩效仿故事中的人物和身边的男孩，做个懂事的男孩。

当男孩提出不合理的要求时

当男孩提出不合理的要求时，父母应注意采取正面的教育方式，给男孩把道理讲清楚：这样做不对，这样做为什么不对，怎样做才对，帮助男孩提高分辨是非的能力。男孩的是非观念正是在学习处理各种具体事情的过程中逐渐形成的。在这个过程中，父母可以采取转移注意力、适当惩罚、冷处理等方法把难题巧妙化解。给男孩选择一些优秀的儿童读物，让孩子在故事中学到道理，提高男孩明辨是非的能力。

正确引导男孩追星

调查显示，有超过六成的青少年渴望与偶像交流，大部分青少年喜欢和小伙伴们谈论和模仿自己的偶像。

童年时代是男孩学习的最佳阶段，如果把这段时间全部用来追星，就会浪费很多的宝贵时间，让男孩失去最佳的学习时机。但是从另一方面来说，追星也是男孩们表达情感的一种方式，所以父母没有必要禁止男孩追星，而是要正确地引导男孩。

盲目崇拜危害极大

盲目崇拜是指对事物没有明确的认识，盲目听从他人的意见，并且把他人当作英雄人物甚至救世主进行崇拜。盲目崇拜具有极强的危害性，而男孩自控能力差，很难约束自己，一旦坠入追星的迷阵之中就很难逃脱。

2009年6月21日，大连一位16岁的男孩自杀，起因只是妈妈没有给他买偶像张国荣的CD。他在日记中写道："看着他，我不知道哭过多少次。我喜欢他，不是因为他长得帅，而是因为他的那种忧郁的气质和与众不同的性格。他的一举一动、一喜一悲都令我心碎和心动。""在我的世界里只有他，只存在着张国荣，我只为他一个人而活。"这位男孩有1.78米的高个子，笑容总是甜甜的，让人过目难忘。他曾是父母的好孩子、老师的好学生、班级里的好同学，不但学习成绩很优秀，在学校的演讲比赛中还曾经多次获奖，还喜欢弹奏电子琴。但就是这样一位男孩，丝毫容不下妈妈对自己偶像的批评，不惜以自己如花的生命为偶像殉葬。

敬仰与崇拜

要让男孩分清楚敬仰与崇拜的区别，不要将二者混为一谈，敬仰与崇拜是两回事。敬仰是爱戴、信仰、尊敬的集合体，敬仰有理智、清醒的表现，敬仰者能够完全将自己把握住；崇拜则不同，崇拜是一种狂热、迷信、盲目的结果，崇拜者完全不能自已，甚至会失去自己。人需要的是敬仰，而不是崇拜。

正确引导男孩追星

1. 可以通过一些活动，使男孩对名人有一个客观的认识和了解，对男孩中普遍存在的"追星"现象加以正确引导，树立高尚的情感、态度、价值观。

2. 可以通过写作练习，引导男孩以"我最崇敬的名人"为话题，谈谈自己的感受和认识，多角度地认识名人，发现名人丰富多彩的性格特点和内心世界，写出自己对名人的真切体验和独特感受，鼓励男孩有创意地表达，以了解男孩的内心世界及需要。

父母要与男孩一同直面"早恋"

　　青春期男孩对于异性的喜爱，父母称之为"早恋"，对此忧心忡忡，担心男孩花费精力影响学习，或者把控不住自己，误入歧途，偷吃禁果……父母出现这种紧张焦虑的心绪不难理解，但重要的是父母必须把握男孩的心理特点，因势利导。

　　由于体内性激素的刺激和分泌，男孩步入青春期以后，性意识在脑海中朦胧产生，开始趋向于成熟，对异性逐渐感兴趣，不时产生一股与异性亲近的需求和渴望；开始拥有自己的秘密，将日记藏得严严的，偷偷地看爱情小说，甚至给异性同学传递字条，写情书等。这些被异性吸引的行为属正常现象，这种青春期的爱具有朦胧的特点，不属于真正意义上的爱情。但父母要理解男孩的这种稚嫩想法，因为稚嫩的孩子经不起父母的打击。父母可以针对男孩一时盲目的冲动，进行适时提醒和引导，以免男孩年幼无知而做出错事。

与男孩一同直面"早恋"

　　一位 17 岁，各方面素质都很不错的高一男孩，与同班一位女孩相恋，男孩的爸爸与他进行了一次"两个男人"之间的谈话。

　　爸爸：孩子，你是不是觉得她是最好的女孩？

　　男孩：我觉得在我认识的女孩里她最可爱。

爸爸：我相信你的眼光。但是，你才上高一，你对这个女孩的认识有多少？

男孩：可我心里只有她。

爸爸：你说你要上大学，将来还要出国留学深造，想成为一名金融家或律师。你知道你将来会遇上多少好的女孩吗？爸爸并不反对你现在交女朋友，可是，爸爸最讨厌的是见异思迁。没错，这个女孩是你眼里最好的女孩，可是，将来还会有更多好女孩和更多的机会，你敢保证你和她的以后吗？以后，有比她更好的女孩出现你该怎么办？你会不会后悔呢？

男孩：可是，现在就让我离开她，我会很痛苦。

爸爸：爸爸在你初三的时候给你买的随身听呢？

男孩：前两天，您给我买的那个高级的比原来那个音质要好得多，我就将它送人了。

爸爸：这就叫作一山更比一山高。如果你能把握好每一个属于你的机会，你以后所能取得的成就会很大，你所要面对的世界就会比今天更广阔，到时候你的选择只会比今天更好、更适合你。如果你与现在这个女孩真有缘分，到时候再让它开花结果多好。孩子，一个人的一生尽量不要做那些让自己后悔的事，但是，人生大事一共没有几件，如果后悔了，就会终生遗憾。

男孩：爸爸，我懂了……

父母要转变观念

不要把这种美好的情愫看作怪物，要设身处地去体验男孩的内心世界，关照他们的内心需要，适当地给男孩介绍一些性知识，使其对由朦胧所产生的好奇感、神秘感有充分而正确的认识。尊重、理解、鼓励和允许男孩与异性正常交往。尊重他们的隐私，不要偷看日记及私拆他们的信件。要经常与他们交心，加强沟通，做男孩值得信赖的朋友。

父母要注意科学地进行指导

对男孩盲目冲动的心理，父母要有针对性地传授科学知识。指导他们正常交往。帮助男孩理智地超越情感，培育高尚的情操。一旦男孩真正尝试"早恋"，父母也应控制感情，切不要辱骂和指责。关键是不可激怒男孩，使男孩产生逆反心理。处于人格形成过程中的男孩格外需要正向情感，父母应该帮助他们调整心态，帮助他们轻松愉快地度过青春期。

不要让男孩接触有暴力倾向的电视节目

　　媒体与技术的发展日渐完善，促使了"体育暴力""战争暴力""卡通暴力"等题材出现。电视工作者以暴力来吸引观众，给传播内容抹上了一层或淡或浓的暴力色彩。

　　要想让男孩健康、快乐地成长，就要给男孩一个没有暴力的环境。当然，一个完全没有暴力的生活环境是不可能存在的，但是，父母可以尽自己所能，尽量减少生活中对男孩有不良影响的暴力场面，让男孩少接触一些有关暴力的东西。这不仅需要老师、父母的努力，也需要社会各界的共同努力。

要有选择性地让男孩看电视

　　让男孩看电视，不仅是教育孩子认识世界，还是一种娱乐，是一种增加知识、了解社会、提高道德观念、培养男孩的爱国主义精神等的措施和媒介。因此，要精心为男孩挑选节目内容，尽量避免不良的镜头，主要选择一些格调高尚、内容健康、艺术性强的题材和方向，这样有助于开发男孩的大脑。

　　不要让男孩看电视时间过长，否则会产生许多危害。要限制男孩每天看电视的时间。一般来说，15岁以下的学龄男孩平均每天不超过3个小时。父母要注意保护其视力。男孩的眼睛对其今后的工作、学习都十分重要，而看电视非常容易伤害视力。所以，房间的亮度、电视屏幕的距离都要适宜，男孩与电视机的距离一般在 2 ~ 3 米，视线高度应该与电视屏幕相齐。

拒绝男孩看有暴力情节的影视内容

通常，男孩观看影视，主要来源于电视和网络。由于电视和网络传播的便利性和有选择性，男孩可以随心所欲地找到丰富多样的影视视频，而父母应拒绝让男孩观看较为暴力的节目，若发现孩子观看常有暴力内容的影视视频，父母要及时换频道，并告诉男孩这样的节目不好在什么地方，节目中的角色虽然并没有真正被杀或受伤，但那样的暴力行为会在孩子幼小的心灵产生错误的意识和错误的模仿。父母也应该向男孩强调这样一种观念：暴力行为并不是解决问题的关键和唯一方法。父母应尽量选择健康有益的节目让男孩看，对不健康的观影行为要进行合理批评。同时，父母可与男孩进行互动，彼此检讨自己看了哪些不健康的内容或节目，让男孩明白影视内容的好坏。

要从小就养成适度上网、看电视的习惯

父母要适度地控制男孩上网和看电视的时间以及浏览、观看的内容。内容要健康有益，时间不宜过长，这可根据男孩的知识结构、年龄而定。小男孩的自律性一般较差，无论是上网还是看电视，都容易上瘾，如以粗暴的方式阻止男孩，很容易引起男孩的逆反心理。正确的方法是通过与男孩交流尽量达成共识，在不影响其学习的前提下给予其一定的时间上网、看电视，以一天不超过两个小时为宜。要让男孩知道，上网、看电视都只是生活和学习的一部分，是课堂之外增长见识拓宽视野的一种生活方式，过度地上网、看电视不仅会影响学习，而且对男孩健康成长也是有害的。